文献缩微质量管理研究

王浩 著

图书在版编目（CIP）数据

文献缩微质量管理研究/王浩著.—北京：北京联合出版公司，2020.11
ISBN 978-7-5596-4589-0

Ⅰ.①文… Ⅱ.①王… Ⅲ.①缩微文献—文献工作—质量管理—研究 Ⅳ.① G255.72

中国版本图书馆 CIP 数据核字（2020）第 189659 号

文献缩微质量管理研究

作　　者：王　浩
出 品 人：赵红仕
责任编辑：申　妙
书籍设计：万卷九州
出版发行：北京联合出版有限责任公司
　　　　　北京联合天畅文化传播有限公司
社　　址：北京市西城区德外大街 83 号楼 9 层
邮　　编：100088
电　　话：（010）64243832
印　　刷：北京建宏印刷有限公司
开　　本：787mm×1092mm　1/16
字　　数：157 千字
印　　张：13
版　　次：2020 年 11 月第 1 版
印　　次：2020 年 11 月第 1 次印刷
ISBN 978-7-5596-4589-0
定　　价：78.00 元

未经许可，不得以任何方式复制或抄袭本书部分或全部内容
版权所有，侵权必究

序　言

《文献缩微质量管理研究》是一部既可以填补学术空白，同时又能较好地指导工作实践的文献缩微领域著作，这一点非常难得。

长期以来，文献缩微工作由于专业性、实践性等方面的特点，给外界以"小众"的刻板印象，业者也大多专注于某项具体工作或技术的突破，鲜有运用某一学科理论对缩微事业进行整体性、系统性研究的著作问世，而本书无论是破题立意还是写作视野，都值得点赞。

作者王浩从事文献缩微工作多年，在长期的工作经历中，积累了大量的案例素材和实践经验。作者灵活运用现代质量管理学科的理论与方法，通过大量的理论设计和试验测验，并结合多年工作实际，对文献缩微工作进行了基于新视角的、全方位的、创新性的优化设计和阐述研究，丰富新颖的内容背后显现出深厚扎实的工作基础。

全书分成标准体系、质量管理流程、质量管理创新、培训体系和具体案例等若干章节，共同构成了一个有机整体，为读者展现了一幅基于质量管理学理论与方法、对文献缩微工作进行全新解构的画卷。书中许多方面的理论创新、方法创新、实践创新，发人深省，具有很强的启发性和指导性作用，为文献缩微事业在21世纪的可持续发展提供了很有见地、很有深度的一家之言。读者倘能细读·吸收、运用书中的某些观点和方法，料能对工作实践产生很有意义的帮助。

本人与王浩相识多年，希望他今后能够继续努力，不断为"小众"的文献缩微事业做出"重大"的贡献。

李 铭

二〇二〇年九月

绪　论

一、文献缩微的历史、机遇与挑战

对一般社会公众来说，文献缩微技术可能与日常生活有一定距离，大多数人对这项技术及其应用所知甚少。对部分研究人员来说，文献缩微工作对他们最直观的印象可能是提供了许多与原始纸本文献没有任何内容、外观差异的缩微胶片，极大地便利了他们的研究、教学等学术工作。对图书馆人来说，缩微品是图书馆三大文献载体之一，在进入21世纪之前，我国公共图书馆提供的文献形式基本上以纸本文献和缩微胶卷为主，后者对于许多专业领域的研究发挥了巨大作用。举例来说，俄藏黑水城文献就是以缩微胶卷的形式重新回到祖国，得以为我国西夏学研究的深入开展发挥基础性作用。在几乎整个20世纪，文献缩微技术得益于缩微摄影技术的不断成熟，为人类文明的保存与传承做出了巨大的贡献。

由于缩微胶片稳定的物理性质，许多珍贵的文献资料得以延长数百年的寿命。有一句笑谈，宋朝时这本书上如果有个污迹，那么到今天，这个污迹存在了上千年，而缩微胶卷还可以再让它存在上千年。

可再生的文化资源，一旦遭到破坏，将造成不可逆转的损害，故而保护珍贵文献对人类文明传承具有深远的意义。缩微技术作为文献再生性保护的重要手段，经过百年实践检验，具有稳定性好、安全性强和保存时间长等优点，是行之有效的文献抢救方法，在文献长期保存领域发挥着不可替代的作用。目前，缩微品是全世界所公认的，替代纸质文献永久保存最为理想的载体之一。

缩微技术在国外已有上百年的发展历史。我国图书馆界从20世纪30年代开始接触这门技术以来，已由最初的个别图书馆、几台设备、零星的缩微品发展到今天大多数省、市的大、中型公共图书馆、高校图书馆、科研图书馆都有了自己的缩微复制设备，形成了较为系统的文献缩微事业格局，并在图书馆的现代化建设和为读者服务中发挥着重要作用。

中华民族历史悠久、典籍宏富。新中国成立以来，党和政府以"保护为主，抢救第一，合理利用，加强管理"为总指导方针，加强基础设施建设，建设了一大批图书馆藏书库，让数以千万册的典籍得到了初步的保护。1985年，在财政部的专款支持下，文化部成立了全国图书馆文献缩微复制中心（简称为"缩微中心"），负责制定与实施全国图书馆文献缩微抢救工程的规划和年度计划，组织和协调各成员馆文献缩微复制工作，并在此基础上建立了由缩微中心统一管理的国家缩微品母片库。通过集中采购设备及每年度的专项经费，缩微中心为二十多个省级公共图书馆配备了成套缩微拍摄、冲洗、拷贝、阅读等设备，并有效开展了文献再生性抢救工作。

然而，传统的文献缩微技术在20世纪末、21世纪初，面临着史无前例的重大挑战和危机。在全球范围内，传统文献缩微工作在设备、人才、财政支持等各个方面，都面临着巨大的断档、流失、枯竭的现象。经济全球化和技术全球化的现实，决定了我国也不可能独善其身。任何一项技术，如果缺少多元交流的外部环境，都将难以为继。

发达国家的文献缩微技术为什么会从巅峰陡然跌落呢？最主要的原因是现代计算机技术、网络技术、数字技术的兴起。相同的一部文献，如果用数字技术进行扫描，则可以远距离传输，而且几乎不占据任何物理空间，维护成本相对较低，尤其在信息共享的层面比传统缩微技术具有明显的优势。尽管如此，文献缩微技术并没有因此沉沦。

数字技术在存储、传输等方面的巨大优越性，恰恰也是其软肋所在。新世纪初期的几场高技术战争表明，信息网络战已经是瘫痪一个国家国防力量、经济组织能力的重要手段。西方国家在信息网络、计算机软件等方面的巨大相对优势，使他们可以轻而易举地入侵一个国家的信息中枢，让这个国家历经千辛万苦建成的信息库瞬间化为乌有。更为严峻的是，随着非传统安全问题的日益严峻，任何恐怖组织、黑客都可以依靠信息手段，入侵包括美国在内的所有国家的数据库，让这些珍贵的资源荡然无存，这已经成为军事、经济斗争的基本方式。如果把珍贵的民族文献，全部寄托在数字技术上，那么一旦遭到恶意攻击，或者一旦读取、扫描技术由于迭代、企业破产、专利失效而发生不可逆变化，这些数字文献极有可能瞬间化为乌有。

相比于此，文献缩微技术的传统优势不言自明。虽然缩微胶卷需要专门的存储场地和物理介质，但是，只要不发生直接的物理破坏，缩微文献的保存保护是可控和稳定的，是人类文明可靠的诺亚方舟。另一方面，文献缩微技术没有停止与时俱进的脚步，通过与其他领域的融合发展，扬长补短，与数字化、信息化时代共舞。

二、文献缩微必须实现质量管理化

进入新世纪以来，特别是随着我国综合国力的不断抬升，人类社会与技术的同态化在迅速加强，我国在融入全球市场的过程中，不能对通行的一套市场规则和管理方式视而不见。全球化下的标准化与质量管理化已成为文献缩微工作中不可忽视的重点内容。如果说在技术上，文献缩微工作跟上时代的主要表现是数字缩微技术兴起的话，那么在非技术方面，亦即观念、组织形态、行业文化上，文献缩微工作不落后于时代主要依靠质量管理化。过去，不仅文献缩微工作，由于计划经济时代的历史遗留问题，我国许多行业，还没有实现应用现代管理学理论与方法配制资源、开展生产。质量管理，对于许多业者还是一个陌生的甚至从未听说过、考虑过的概念。

缩微中心成立后，制订了《文献资料缩微复制范围及有关规定》《文献资料整理编辑规程》《中文报纸缩微品著录条例》《古籍缩微品著录条例》《35毫米银盐无孔片报纸缩微拍摄标准》《在35毫米胶片上缩微摄制线装古籍的规定》《缩微母片库管理细则》。到了1987年6月，全国缩微标准化技术委员会在北京正式成立，该委员会是在国家技术监督局领导下，负责制定我国缩微技术标准的全国性组织，并与ISO/TC171组织对口，秘书处设在缩微中心，日常工作由缩微中心负责。

这二者为标志的模式，是一种典型的以标准化文件、标准化组织为代表的"组织-领导方式"，这种方式对业者的主观能动性的发挥尚无系统化的认识和设计。毋庸置疑的是，标准化是现代大工业兴起的基础条件，没有标准就没有标准化大生产，也就不会有工业和社会现代化。然而，随着人类进入信息时代，标准化工作面临着信息化的历史节点。从简单的产品标准化、对物的标准化，要实现管理的标准化，也就是流程的标准化，进而还要实现操作者培训的标准化，这种标准化是要实现人在整个标准化流程中自身的标准化，最大限度地去掉主观造成的误差、盲目性、随意性，从而最大限度地把人的主观能动性解放出来，实现人的劳动最终集中到创造性领域。一言以蔽之，用"质量-管理模式"取代传统大工业时代的"组织-领导方式"，是文献缩微工作在现阶段的重大历史任务。

质量管理理论兴起于美国，将质量管理作为一门科学开展系统的理论研究则始于20世纪60年代。创建于1965年的以欧洲为主体的国际质量管理协会和创建于1969年的美国质量管理学会是质量管理的两大研究组织体系。20世纪70至80年代质量管理迅速传遍了世界各国。从最初的军事质量和宇航质量管理，扩展到各种类型的民用质量管理。质量管理除了计划、协调和控制外，对采购、合同、进度、费用、质量、风险等给予了更多的重视。20世纪90年代以后，为了在迅猛变化、竞争激烈的市场中迎接经济全球化和区域集团化的挑战，质量管理更加注重人的因素，力求在变革中生存和发展，开创了区别于传统管理体制下的新型管理模式，质量管理理论也由此而得到了日新月异的发展。

质量，尤其是高新技术产业质量投资是决定一个国家和一个企业发展速度与质量的动力引擎，质量管理水平的高低直接决定着质量投资，进而直接决定企业的兴衰成败。质量管理理论体系的建设与质量管理人才的培养是21世纪国与国之间、企业与企业之间竞争的新制高点。质量管理是为创造产品成果而进行的临时性工作。同时，因为产品质量具有隐含性，有时需要较长时间甚至要等到产业化后才能显示和反映出来，因此需要建立质量管理知识体系来对质量进行动态跟踪与管理。

对于质量管理研究的理论与方法，已经相当成熟，怎样将其与我国的实际条件，特别是文献缩微工作所蕴含的特征相结合，是一项历史性的命题，也是本书要解决的问题。"质量－管理"既强调了产品质量的核心地位，又强调了人本身的管理化的工作方式。因此，本书主要从标准化和管理化两个角度来设计未来文献缩微工作开展的方式。这种标准化是质量管理化的标准化，是有别于传统工业化的标准化，强调了信息时代的、兼顾人的发展的标准化，也就是产品、岗位多元的标准体系。这种管理化也是基于标准化的管理，不同于指令性经济模式下对人的简单指导，而是实现人本身的自我进步的管理方式。通过这种质量管理模式，一方面强化缩微事业本身的质量至上，保证"诺亚方舟"内的样本都是经得起历史检验的，另一方面强化缩微队伍本身的专业化，保证"诺亚方舟"的建造者本身技术过硬、精益求精。只有如此，文献缩微事业才能担当起 21 世纪的文明守护者的角色。

三、本书的内容、结构与方法

本书从文献缩微工作的标准化入手，通过文献缩微的标准体系建设展开质量管理的基础，并在设计标准体系的基础上，对文献缩微质量管理全流程进行设计，以工作流程图为工具，按照质量管理的经典模式构建文献缩微质量管理流程。以上两部分构成上篇，是全书的理论基础。

以文献缩微标准体系和质量管理体系的融合为基础，从基本思路和人才培养体系两方面论述文献缩微质量管理的创新方式。其中，人才培养体系是其中的重点，本书认为，标准体系、质量管理体系、人才培养体系是未来文献缩微质量管理工作要重点建构的三大体系。标准体系是基础，质量管理体系是核心，人才培养体系是实践重点。由于文献缩微工作在设备、技术等方面的特殊性，人才体系成为实现标准化、从粗放模式到质量管理模式进步的重点，这其中的原因还将在后文进一步阐述。以上两部分构成中篇，提出了一种落实理论的基本方式和从理论到实践的具体方法。

全书的下篇来自于以文献选题开发工作为落脚点，对文献缩微工作的质量管理化改革做出的试验报告和总结。该试验中所设计的思路已经陆续在现实工作中展开，获得了很好的效果和反馈。

综上，本书在内容结构上分成上、中、下三篇，分别从理论、理论与实践之间的设计思路、实践三方面，介绍了文献缩微未来要达到的质量管理状态。本书的目的是通过这些理论、桥梁、实践各方面的设计和实验，最终实现文献缩微工作的质量管理。只有实现了质量管理，文献缩微事业才有未来，才能跟上时代和技术进步的速度。

支撑本书的研究方法主要为体系法和实验法。体系法指的是本书以质量管理理论为基础，构建出文献缩微质量管理体系，并以此为轴心，次第上溯或延展出文献缩微标准体系、培训体系。这三大体系之间有密切联系，比如标准体系中包括岗位标准子体系，而质量管理中又包括对人的管理。实验法的含义是作者通过在全国图书馆文献缩微复制中心长期的工作实践，来检验和试验设计出的方法和模式，从中取得具体的数据和结论，用于验证和充实上文所说的三大体系为代表的理论设计。两种方法互为表里，互相促进。

目 录

上编　文献缩微标准——质量管理体系

第一章　文献缩微标准体系 \ 3

第一节　企业标准体系的指导地位 \ 4
　　一、企业标准体系的概念 \ 4
　　二、建立企业标准体系的基本原则 \ 8
第二节　文献缩微标准体系的内容 \ 10
　　一、建立文献缩微标准体系的要点 \ 10
　　二、文献缩微标准体系介绍 \ 12
第三节　文献缩微标准体系建立的方法和程序 \ 18
　　一、标准体系建立的初级阶段：工作写实和工作分析 \ 18
　　二、标准体系建立的中级阶段：工作设计 \ 20
　　三、标准体系建立的高级阶段：体系建构 \ 22

第二章　文献缩微质量管理流程 \ 28

第一节　文献缩微质量规划 \ 29
　　一、文献缩微质量规划概述 \ 30
　　二、文献缩微质量计划设计方案——以工作流程图为例 \ 33
　　三、文献缩微质量计划成果 \ 43
第二节　文献缩微质量保证 \ 46
　　一、文献缩微质量保证概述 \ 47

二、文献缩微质量管理体系的建成\49

三、文献缩微质量审核与认证机制\51

第三节　文献缩微质量控制\55

一、文献缩微质量控制概述\55

二、传统缩微拍摄的质量控制体系\59

第四节　文献缩微质量改进\65

一、文献缩微质量改进概述\67

二、文献缩微质量改进的实施\71

中编　文献缩微质量管理创新

第三章　文献缩微质量管理创新思路\77

第一节　文献缩微质量管理创新的内在动力\78

一、信息化的时代主题是文献缩微质量管理进步的内在动力\78

二、文献缩微质量管理创新的基本目标\79

第二节　文献缩微质量管理创新的主要途径\83

一、硬件创新\83

二、软件创新\85

三、工作模式创新\89

第三节　质量管理软件创新实例：数转模流程控制系统\92

一、通过数转模流程控制系统实现质量控制的方式\92

二、该系统在数转模流程控制中的具体应用\95

三、文献缩微工作要创设人才培养新模式\98

第四章　文献缩微质量管理培训体系\101

第一节　培训体系的理论基础\102

一、六西格玛理论的应用\102

二、卓越绩效理论的应用\105

第二节　文献缩微人才培训的需求分析 \ 109

　　一、需求分析相关理论 \ 110

　　二、文献缩微人才培训需求分析实例 \ 112

第三节　培训体系的最终效果 \ 116

　　一、效能质量管理 \ 116

　　二、综合质量管理 \ 119

下编　文献缩微质量管理实例
——以文献开发质量管理为例

第五章　A图书馆的缩微文献开发质量管理及其存在的问题 \ 127

第一节　A图书馆的基本情况 \ 127

　　一、A图书馆缩微技术背景简介 \ 127

　　二、A图书馆文献缩微工作机构组织结构 \ 129

第二节　缩微文献开发项目特点分析 \ 130

　　一、缩微文献开发项目的特性 \ 130

　　二、缩微文献开发的工作内容 \ 131

第三节　关于缩微文献开发质量情况的调查 \ 133

　　一、问卷调查表的设计 \ 134

　　二、调查范围及客户分析 \ 136

　　三、调查情况分析 \ 137

第四节　分析查找关键问题 \ 139

　　一、制作质量问题 \ 139

　　二、资源收集问题 \ 140

第五节　分析问题成因 \ 142

　　一、切字、漏页和内容不完整问题的发生情况统计及分析 \ 142

　　二、导致切字、漏页发生的潜在原因分析 \ 147

　　三、导致资源收集不足的潜在原因分析 \ 152

　　四、问题成因小结 \ 155

第六章 缩微文献项目质量管理的改进措施 \ 156

第一节 质量管理问题解决办法分析 \ 156
一、数据接收环节质量问题解决办法分析 \ 157
二、文献编辑环节问题解决办法分析 \ 157
三、培训问题解决办法 \ 158

第二节 数据影像接收环节质量管理的整改 \ 159
一、质量控制的要点、依据和办法 \ 159
二、扫描数据分配的质量控制 \ 161
三、数据影像提交的质量控制 \ 162

第三节 文献编辑环节质量管理的整改 \ 162
一、建立文献编选委员会制度 \ 163
二、建立部门间沟通机制 \ 168

第四节 缩微文献开发的人才队伍培训 \ 172
一、专门人才的培训 \ 172
二、综合人才的培训：轮岗与综合管理人才的产生办法 \ 177

第七章 缩微文献开发项目质量管理改革的成效 \ 180

第一节 数据接收环节自查符合预期目标 \ 180
第二节 缩微文献开发客户的满意度提升 \ 183
第三节 文献缩微质量管理创新实例的结论 \ 185

后记 \ 187

上编 文献缩微标准——质量管理体系

第一章 文献缩微标准体系

标准化工作有两大特征：第一是标准与规范的权威性对工作的可量化、科学化开展有很强的指引作用，在质量管理刚刚开展的阶段，先实现标准化，能有助于工作队伍和从业人员逐步习惯质量管理的理论与方法；第二是标准化工作本身蕴含的体系化要求。在过去相当长的一个时期，我国文献缩微工作行用的各项标准规范，具有很强的独立性，体系化的互相配合稍显欠缺，然而，标准化工作本身具有很强的体系化属性，国际标准、国家标准、行业标准、内部标准、一般标准、特殊标准、工作规范、操作手册，互相之间既有下级服从上级的关系，又有普遍寓于特殊的适用办法。认识和主动适应标准化自身的体系化趋势，对于质量管理工作本身的体系化也有很大的推进作用。

目前，文献缩微事业的标准体系建设还在初始化阶段，各级各类标准的就位、唯一化还在摸索实践中。怎样将标准和规范有机统一到标准体系中，怎样将国标嵌入标准体系中，而不是让标准体系生硬地适用于还没有形成体系关系的国标群，诸如此类还有很多需要完善之处。本章主要从标准子体系，特别是产品实现、基础保障两大子体系内部的结构，和标准编制的一般性办法两方面介绍了目前的阶段性成果。可以肯定，未来文献缩微标准体系成型后，也将在结构和方法两大重点方面发挥作用。

一方面是标准、规范之间的关系，是有机统一而非简单拼合的关系。另一方面是适合于文献缩微事业自身的标准编制、就位、应用、迭代、废止办法，即"产生文献缩微今后所有标准的标准"。这二者是文献缩微标准体系建设的核心成果，以这种结构-方法思路为基础，下文将要次第展开的质量管理体系、人才培训体系，也是按照这种思路设计、试验出来的。

本章主要是对文献缩微标准体系的设计思路进行基础性分析。需要指出的是，文献缩微标准体系的建设是一项长期的任务，随着建设的不断推进，还将有许多新的成果、新的理论与方法不断涌现出来。本书对这种体系的设计还处于初始化阶段，未来还将构建出适合文献缩微工作实际，又不违背企业标准体系理论的较成型的体系结构。

第一节 企业标准体系的指导地位

一、企业标准体系的概念

标准化工作是人们亘古以来的技术追求，中国标准化工作的萌芽甚至可以追溯到先秦时代的手工作坊，当时的工匠们力图通过一种整齐划一的参数来实现兵器的零配件损耗后快速更换，从这一点来说，中国堪称是"标准化古国"。现代意义上的标准化生产是19世纪末第二次工业革命的产物，它的出现标志着人类文明和技术的飞跃。从此之后，一切生产、经营、管理工作，被次第纳入到标准体系之中，主观因素的不确定性被逐渐挤压和消解，企业内和行业内的"法制化"开始成为现代企业制度和市场经济运行中的基本特征。

历史与实践证明，标准化工作是企业生产、经营和管理的重要组成部分，是企业组织现代化大生产的必要条件和实现专业化生产的前提。通过标准化工作，可以使企业节约原材料和能源，加快新产品的研发并缩短生产周期，稳定和提高产品及服务质量，促进企业不断提升技术水平和管理能力，经济和社会效益显著。可以说，企业内标准体系的完善与否，决定了该企业能否占有市场和行业主导权，甚至决定了该企业及其所引领的行业的兴衰和存亡。

随着科学技术的发展，特别是现代管理科学的产生和进步，企业本身的标准化问题也逐步被经济学界、管理学界乃至社会学界所认识和重视，怎样实现企业自身的标准化，怎样构筑约束企业内部运行和促进企业发展的企业标准体系，逐步成为了标准化工作、质量管理工作的重要课题。多年来，我国企业标准化工作的中心任务是建立和健全企业标准体系。随着经济的发展和科技的进步，现行标准体系也在不断进步、修订、重写，力图适合企业的发展需求。

随着中国综合国力的不断提升，特别是经济增长方式的历史性转变，先后出台的《中共中央关于全面深化改革若干重大问题的决定》《国务院机构改革和职能转变方案》《国务院关于促进市场公平竞争维护市场正常秩序的若干意见》《深化标准化工作改革方案》等若干文件提出深化标准化工作改革、加强技术标准体系建设的有关要求。上述文献中明确提出："培育发展团体标准，放开搞活企业标准，激发市场主体活力。建立企业产品和服务标准自我声明公开和监督制度，逐步取消政府对企业产品标准的备案管理，落实企业标准化主体责任。鼓励社会组织和产业技术联盟、企业积极参与国际标准化活动，争取承担更多国际标准组织技术机构和领导职务，增强话语权。加大国际标准跟踪、评估和转化力度，加强中国标准外文版翻译出版工作，推动与主要贸易国之间的标准互认，推进优势、特色领域标准国际化。结合海外工程承包、重大装备设备出口和对外援建，推广中国标准，以中国标准'走出去'带动我国产品、技术、装备、服务'走出去'。"这些要求为企业开展标准化工作指明了方向。

中国是当今世界第二大经济体，面临着实现解决"发展的不平衡不充分"这一历史任务。现代企业,是市场经济运行的主体,是实现经济发展的直接推动力量,是生产、管理工作的直接承担者,是技术进步和人力资源优化的主要推动者。从中国制造业实际来看,打造具有国际竞争力的制造业,是提升综合国力、保障国家安全、建设世界强国的必由之路。国务院印发的《中国制造2025》文件中,明确要求加强标准体系建设。改革标准体系和标准化管理体制,组织实施制造业标准化提升计划,在重点领域开展综合标准化工作。发挥企业在标准制定中的重要作用,协同推进产品研发与标准制定,制定满足市场和创新需要的团体标准,建立企业产品和服务标准自我声明公开和监督制度。鼓励和支持企业、科研院所、行业组织等参与国际标准制定,加快我国标准国际化进程。做好标准的宣传贯彻,大力推动标准实施。

打造标准化企业,创制企业标准体系,已经逐步成为"复兴之路"上的重要工作内容,企业标准体系走出了一条从无到有、从简单到复杂、从相对单一到综合协调的发展路子。从1999年起,中国开始建立以GB/T 1为核心的《标准化工作导则》(GB/T1)、《标准化工作指南》(GB/T20000)和《标准编写规则》(GB/T20001)等与标准制修订工作密切相关的基础性国家标准。现我国已建成以GB/T 1为核心,由GB/T 1《标准化工作导则》、GB/T20000《标准化工作指南》、GB/T20001《标准编写规则》和GB/T20002《标准中特定内容的起草》等四项基础性国家标准共同构成的支撑标准制修订工作的国家标准体系。《企业标准化工作指南》国家标准正是在此背景下提出的,它突出了企业标准化工作发展的特点,明确了企业开展标准化工作的范围、内容、途径和具体要求等,是广大企业开展标准化工作的基础性、系统性指导文件。

《企业标准体系》国家标准于2003年修订发布,至今已经运行了十余年。这十多年间,该系列标准对指导工业企业有效开展标准化工作,建立规范化秩序,特别是在技术标准引领方面取得了较大的作用。针对指导性的《中华人民共和国标准化法》在2015年进行了重新修订的新形势，借鉴ISO9000等国际上先进管理体系标准的原理和方法，企业标准体系也获得了一次质的飞跃。新的表述不再强调"以技术标准体系为主体，管理标准和工作标准相配套"的标准体系格局，更加符合标准与企业管理的本质关系。将原有的《企业标准体系》系列标准调整为《企业标准化工作指南》《企业标准体系要求》《企业标准体系产品实现标准体系》《企业标准体系保障标准体系》《企业标准体系岗位标准体系》和《企业标准化工作评价与改进》。

至此，包括技术、保障、岗位、评价与改进四大组成部分的标准体系编制方法浮出水面，为在信息化深入发展、技术与管理工作高度交织的新时代，实现企业标准和行业标准整合、优化，提供了最新、最先进的范本，为标准化工作确立了纲领和指导。崭新的企业标准体系系列国家标准为企业提供了运用标准化原理和方法获得卓越绩效、实现持续发展的路径，它是企业战略性决策的结果，是企业顶层设计的内容。

以往的企业和行业标准体系，特别突出技术标准一元化的特征，此次新形成的企业标准体系，为相关标准编定时突破这一传统畛域提供了重要依据，其最主要的特征是《企业标准体系保障标准体系》和《企业标准化工作评价与改进》二者与传统的技术标准形成三足鼎立而非一家独大的态势。

《企业标准体系保障标准体系》是《企业标准体系》系列国家标准中的一个重要组成部分，是为企业在产品实现过程中为企业各项活动提供支撑的各项标准等各类约束性文件的集合进行有机整合、科学分类的标准的集合，其基本的框架性内容包括：战略管理与标准化、人力资源、账务与审计、设备设施、环境与节能、安全与职业健康、法务与合同管理。

《企业标准化工作评价与改进》规定了组织实施企业标准化工作和标准体系评价的原则，明确组织可根据评价需求，识别、选择和确定所需的第一、第二、第三方评价，并阐释评价策划、实施所应包含的内容。评价管理是评价活动实施的保障，其三个主体分别为评价组织、参评企业、评价人员。评价的两种形式为全面评价、专项评价或要素评价。企业标准化和标准体系评价主要采用七种方法：专家评审法、第三方资料验证法、顾客满意度测评法、员工满意度测评法、评价报告法、企业标准体系评价评分方法、综合借鉴法。评价实施是标准体系评价的核心环节，共分为六个阶段：筹备、正式实施、复核、证明、复评、申诉。改进是评价的后续环节，与评价互为支撑，持续改进环节要求组织应持续改进标准体系的适宜性、充分性和有效性。

按照最新的企业标准体系编制办法，一般将该体系分为产品实现、基础保障、岗位三大标准子体系。这里要注意的是，前二者是后者的支撑，只有产品和保障标准体系完整、合理，才能产生完整、合理的岗位标准体系。换言之，岗位标准子体系是其他两个子体系的直接成果，而评价与改进，是与三大子体系并列的一个概念，是企业标准体系在21世纪的一次重大理论突破。

结合文献缩微工作的实际，经过前期分析和实验，本书将文献缩微标准体系建设的论述重点放在产品实现、基础保障二者上，因为岗位将从二者派生出来，同时，岗位标准体系与后文将要深入展开的培训体系有密切关系。至于评价与改进，是一项对于许多行业来说，都是需要摸着石头过河的新事物，现阶段还只能提出一些基本的设想。

二、建立企业标准体系的基本原则

企业标准体系的建立，首先要对标准化工作机制提出要求，这是开展企业标准化工作的基础。企业开展标准化工作应遵循的原则，先从市场引导、企业需求、行业发展三方面提出要求，再给出最高管理者和全体员工要求，体现以人为本的精神，并提供过程方法、计划等开展工作的方法，最后关注持续改进。

企业开展标准化工作应遵循如下五个原则：需求导向、合规性、系统性、效能性、持续改进。需求导向要求以市场为根本驱动，以满足生产和管理为目的。合规性强调要与国家的法律法规兼容，要与各种"上位规章""上位制度""上位标准"相适应。系统性原则也称为整体性原则，它要求把决策对象视为一个系统，以系统整体目标的优化为准绳，协调系统中各分系统的相互关系，使系统完整、平衡。效能性的含义在于对企业经营效益、员工的个人绩效，实行可量化、可考核的标准化管理。持续改进要遵循PDCA循环，坚持全程控制、持续改进的思想。

建设企业技术和管理标准体系，还要特别重视以下几个重要原则：通用性原则，指的是对不同规模、不同行业、不同经营模式的企业，标准体系的建立方式和内部结构，要具有广泛的适配性；指导性原则，其含义在于鞭策企业按照体系所提供的框架，进行自我设计、自我改造、自我革新，将体系框架具体化为适合本企业或本行业的标准规范；协调性原则，强调企业标准体系各组成部分要与国家标准中的其他相关标准协调统一、不重复、不矛盾，相互支撑、相互协调、互不交叉；兼容性原则，要求企业标准体系的建立要与其他标准体系，如质量标准体系等互相融合，以突出企业标准体系的基础地位，增强产品实现标准体系与其他管理体系的融合。

针对过去比较缺位的企业评价与改进标准，还需要特别强调持续性原则，以突出企业标准体系评价与改进地位，确保标准体系在整个企业生命周期中处于不断"评价——调整——优化——再评价"的过程中。

第二节　文献缩微标准体系的内容

文献缩微标准体系的建立，有两个维度的过程：第一是在国标基础上，对现有行业、内部标准和操作规范进行梳理，确定层级关系和结构；第二是在工作基础上，通过流程分析、内容写实等过程，实现对标准的纵向排列。二者结合后，就实现了标准之间纵横位置的对应，为每一个标准找到了所属的准确地位，为每一个标准明确了应用的范围。

一、建立文献缩微标准体系的要点

根据《企业标准体系》内在的逻辑要求、标准化工作一般的历史经验和文献缩微事业的具体情况，参照以缩微中心为代表的文献缩微行业多年实际工作积累，建立文献缩微标准体系的要点，主要在于突出质量标准的核心地位、突出标准化体系化建设思路、注重保障管理标准优化整合、补齐评价改进机制短板四个方面。

突出质量标准的中心优先地位，是文献缩微标准体系建设的核心与重点。文献缩微标准体系由产品实现、基础保障、岗位、评价与改进四部分标准体系构成，其中产品标准（生产标准、技术标准）是核心和主干。没有缩微胶片的生产，没有缩微胶片的高质量，就没有文献缩微事业的一切和未来。保障标准，也就是管理标准，包括人力资源、设备、环保、安全等，在很多方面与相当程度上，都是为了缩微胶片在生产过程中保证质量、提高质量发挥作用的。因此，不论是生产工艺标准、操作流程标准，还是人才培训的标准化，其聚焦点和落脚点，都指向了共同的质量管理方向。

注重标准化建设中的体系化思路，是实现文献缩微事业跨越式发展的终南捷径，是实现质量管理工作现代化的重要前提。文献缩微事业从无到有、从小到大，经历了数十年的历程，各个从业单位和从业者，都积累了很多有益的工作经验和工作教训，在生产、管理各个领域都有很多行之有效、画龙点睛的"神来之笔"。借鉴现代管理学的科学理论，实现标准化、体系化生产和管理，是将过去零散、分散的经验和教训整合起来的必由之路。在技术发展日臻成熟、设备进步逐步稳定的今天，要实现文献缩微工作和事业的进一步发展，主要靠对旧有"元件"的体系化整合，让"宝刀不老"。文献缩微工作现在迫切需要的就是对既有标准、经验、教训进行梳理、分级、整合，形成体系，让上下流程衔接更加顺畅、高低权威指引避免重复，从而让这一已经历经数十年岁月的技术和工作跟上信息化时代的脚步，焕发出强大生命力。

保障管理标准的优化整合，是对单一技术标准挂帅局面的重大革新，是实现质量管理工作进一步常态化的新思路。以往的文献缩微"标准库"中，特别突出技术标准的核心地位，导致管理标准的整合趋于停滞。现在的文献缩微标准体系，不再是单一标准的简单堆砌和叠加，而是三大体系联动运转的有机整体，特别是保障管理标准体系，实现了对过去诸多涉及管理标准的整合，优先提出"人力资源标准"建设，用质量管理的新思想和新方法，对生产进行"软件"更新，真正实现了对"产品实现"的保障。

评价与改进，是文献缩微标准体系建设中的重要"补短板"工作，是过去长期的缺环。与各类企业的标准化生产和管理建设同样，这项工作对于文献缩微标准体系建设来说也是一个崭新的概念。目前的"评价与改进"，在文献缩微标准体系中，还处于草创阶段。产品与保障标准的体系化建设和内部整合，各自寓有一些评价与改进机制。等到这些机制在实践中经过检验，抽取出普遍理论和范式，才能实现真正符合企业管理标准体系的、包括产品、保障、改进三大组成部分的、逻辑和结构完整的文献缩微标准体系。

二、文献缩微标准体系介绍

依照《企业标准体系》提供的蓝本和范式,"文献缩微标准体系"的建立,需遵循以下的结构,划分成5个部分:

文献缩微标准体系 整体结构;

文献缩微标准体系 产品实现标准子体系;

文献缩微标准体系 基础保障标准子体系;

文献缩微标准体系 岗位标准子体系;

文献缩微标准体系附属部分 评价与改进。

按照这一模式部分,将分别介绍"文献缩微标准体系"的建设思路和建设情况。

(一)文献缩微标准体系的整体结构

文献缩微工作应遵循建立、运行、评价和改进的"PDCA"原则构建行业和工作标准体系。应以国家文化传承与发展战略为导向,分析需求,策划工作标准体系;标准体系应层次清晰,结构合理,体系内所有标准构成有机整体;标准体系应与其他管理体系相协调,其他管理体系的标准应纳入此标准体系;标准体系应具备可分解性,便于调整、增加、修订;标准体系的建立是动态的,文献缩微工作业界和业者应不断根据需求和内外部环境变化调整该标准体系;标准体系的标准应符合各相关方需求,相互协调并能有效实施;文献缩微工作业界和业者应对标准的实施情况进行监督检查,并定期开展标准体系评价工作,确保体系持续的有效性;应利用目标评审、数据分析、监督检查和体系评价所产生的结果,持续改进和完善文献缩微标准体系。

建立标准体系前,文献缩微工作单位和人员应对以文献缩微事业战略需求转化为标准的要求进行分析,分析对象一般包括:国家文化保护与发展事业的需求和期望,文献缩微单位内部的环境和人员的素质;其中后者一般包括:单位组织体系与管理办法、标准化工作水平、标准化管理水平、当前在文献缩微标准化事业中存在的主要问题等。

根据对相关方的需求和期望、文献缩微单位内部环境的分析，形成文献缩微标准体系的指导文件和标准体系结构框架。指导文件包括标准化规划、方针和目标，法律法规，参考标准等。文献缩微标准体系由产品实现标准体系、基础保障标准体系和岗位标准体系三个子体系组成，各单位也可以根据自身情况，参考基础体系，对自己的具体操作标准和单位标准进行调整设计。

按照三个子体系的分类，结合文献缩微标准体系建设的现阶段情况，可以将现阶段构成标准体系中的主要、核心组成部分的标准或标准化文件，按照如下表格做出基本定位，该定位主要展开的对象是产品实现标准子体系：

总体系	文献缩微标准体系			基础保障标准体系	岗位标准体系	引用
一级子体系	产品实现标准体系					两附件：（评价与改进）（术语与符号）
二级子体系	产品标准子体系	工艺（流程）/服务提供标准子体系	设计、营销、售后标准子体系	略	略	——
三级标准－规范群	标准与规范	一级标准与规范（顶层群）	标准与规范	略	略	引用（顶级）国家标准群
四级通用标准－规范	——	次级标准与规范（具体标准与规范）		略	略	引用（次级）国家标准
五级必须细分的标准－规范	——	基础标准与规范（逻辑上不可析分）		略	略	引用具体细节的国家标准

需要说明的两点是：其一，上表中的高位、低位标准，其内涵分别是图书文献行业标准、文献缩微工作标准，即行业内外权威等级；其二，表格中空白的部分，并不代表有关标准缺失，而是不必要重复罗列的含义。如基础保障部分的库房管理和贮藏标准，不必分为古籍、报纸、期刊三部分，其所应用的标准是统一的。

从表中可以清楚地看到，目前"文献缩微标准体系"建设主要存在两方面需要加强的工作：首先，文献缩微工作者在日常工作中摸索出许多具体的工作标准，这些标准对于文献缩微事业的发展进步，对于质量保障和管理，有巨大作用，但是其内部整合、体系化，特别是高位的国家标准制定和细化，都需要进一步推动更新。其次，基础保障方面，有许多约定俗成、行之有效的管理惯例，特别是作为行业领军的缩微中心按照国家图书馆的有关标准进行生产保障工作时所应用的各项具体方法和手册。然而，缺乏对这些具体惯例和经验的书面化，缺乏对这些保障性标准体系的成文化建设，主体文本高度集中在库房与贮藏一个较为单一的领域，应该予以扩展或明确。与此相关的，是评价与改进标准体系的相对缺位。以缩微中心为例，今后要大力加强所使用的国家图书馆相关标准的"下行沉降"工作，进一步明确相关环节落实的相关标准的内容和细节。

（二）"文献缩微标准体系"的"产品实现标准体系"

按照现代文献缩微工艺的产品类型，文献缩微工作的产品可以划分成以下三类：

1.实体产品，即缩微胶卷或缩微平片，以物理介质存在。

2.数字产品，包括数字化胶卷本身所蕴含的数据信息，也包括缩微胶片本身的书目数据信息。

3.服务产品，即缩微胶片进行开发和揭示时提供的服务性工作。

在三者中，硬件产品属于核心，是进行质量管理和标准化建设的重点。

文献缩微工作产品标准体系包括产品标准、数据与安全标准、服务提供标准三大子体系，分别对应上述三类产品形态。

产品标准子体系包括声明执行的国家标准、行业标准、地方标准或团体标准。主要由图书文献行业标准、书目信息标准、缩微影像设置标准等高位标准，和文献缩微工作各单位在长期工作中摸索出来的各类操作方法、工艺流程、技术手册等构成，是三大子体系中的核心，是标准化建设的最终落脚点，是质量管理工作的基础。

为保证和提高文献缩微品产品质量，同时针对国家标准在本领域尚未完全具体化的客观局面，制定严于国家标准、行业标准、地方标准、团体标准的单位内部产品标准，作为内部质量控制因素，是文献缩微行业应该达到的境界。

产品标准子体系在制定时应对市场和社会的需求、缩微单位自身的技术和资源优势进行调研和分析，应符合国家有关法律、法规和规章的规定及强制性标准的要求，文献缩微品利用者使用的要求，保障从业者人体健康、人身财产安全的要求；应有利于保护环境、合理利用资源和节约能源；应有利于缩微行业技术进步，提高缩微品产品质量。

数据与安全标准子体系包括文献缩微品生产中的书目数据制作、质量检查、不合格品剔除、贮藏、运输、废弃物处理等方面的标准。产品标准是缩微胶片生产中的第一个阶段，是主体和核心流程，而其之后的数据与安全标准是针对生产结束后的重要阶段，事关缩微工作的成败、服务提供的质量，是一个重要的承前启后的阶段的标准体系。

在现行的文献缩微工作中，有关数据与安全部分的标准在很大程度上和生产工艺标准、操作手册等是汇集在一处的。这种编纂方法在日常工作中保证了产品质量，方便了各生产流程的贯通，避免了错误，提高了效率，但是在标准体系的建设中，有必要对其进行一定程度上的剥离、独立和具体化、模式化、体系化处理，在不违背标准编写中的"非重复"原则的基础上，强调其对于产品标准的相对独立性，是很有必要的。

服务提供标准子体系要考虑文献缩微产品的质量特性和利用者群体特征，关注文献缩微品的环境保护、安全、知识产权保护等，鼓励针对产品的不同形态、不同内涵、不同附加值策划和实施，开展创新管理。服务提供标准子体系不仅事关文献缩微工作上下游的交接，也不仅是图书馆内部的事物，而且是文献附加值放大化、文化保护与发展战略的落实、缩微文献更好发挥出经济价值和社会价值二元作用的关键。目前，这项工作处于蓬勃发展的时期，相关的标准化方案对于文献缩微工作的质量管理创新，有巨大的推动作用，在很大程度上构成了理论转化为实践的关键，这一点还将在后文深入论述和展开。

（三）"文献缩微标准体系"的"基础保障标准体系"

按照文献缩微工作多年的实践经验，结合现阶段我国建设社会主义文化强国的各方面综合部署，文献缩微工作基础保障标准体系可以划分成以下四个子体系：人力资源标准子体系、财务与设备标准子体系、环保节能与安全标准子体系、文档与行政事务标准子体系。在这四个子体系中，运用标准化建设的手段，实现人力资源的跨越式发展，对于文献缩微工作的标准化建设、以标准化为牵引的文献缩微质量管理工作的进步，具有特殊重要的意义。

这里需要指明的是，依照长期实践经验，考虑到我国文献缩微工作分散在各成员馆的实际，相关的"基础保障标准体系"必须落实到各馆的实际，必须合理嵌套和配合各缩微单位所在图书馆的整体标准化制度。以缩微中心为例，在财务与设备标准子体系、环保节能与安全标准子体系、文档与行政事务标准子体系方面，大多执行或参照执行国家图书馆的相关标准和有关制度，进行适合缩微工作的适当调整。基于此，下文主要对人力资源标准子体系的原则和特点进行介绍，这是文献缩微事业按照自身工作实际，在高位标准、高位制度的框架内所进行的主要具体化工作。

绩效管理标准和人才培训标准是人力资源标准子体系的核心重点，是后文论述文献缩微质量管理工作创新的重大制度基础。绩效管理标准是以绩效计划制定、绩效辅导沟通、绩效考核评价、绩效结果应用和绩效目标提升等事项形成的标准，包括构建绩效管理体系、绩效管理的指标设计、绩效管理的实施反馈与改进等。人才培训标准是以建立员工培训开发体系形成的标准，包括员工培训与开发需求分析、员工培训计划的编制与实施、教育培训经费的预算及使用、培训效果评估、员工职业生涯发展规划、培训资源的开发和人才队伍建设等。还需要指出的是，为了达到"质量管理的综合化"，为了更好地实现文献缩微员工队伍的整体合力的发挥，人力资源标准子体系综合了绩效和培训两方面的因素，与产品标准体系中的服务标准子体系相配合，特别提出关于卓越绩效和黑带大师的标准化产生方案，作为文献缩微事业标准化建设和制度创新的重要成果，附属于基础保障标准体系范畴。同时，文档与行政事务标准子体系也充分考虑了文献缩微工作的特点，对于各项标准的应用、反馈、改进设计了制度保障，在"文献缩微工作评价与改进"刚刚起步的当下，具有特殊重要的地位，在某种程度上，甚至成为"评价与改进"能够实现的基础条件。因此，鉴于"评价与改进"标准化工作刚刚起步的现实，此处不对"文献缩微工作 评价与改进"进行具体介绍，今后还将在实际工作中逐渐摸索出体系化的建设思路与方案。

第三节 文献缩微标准体系建立的方法和程序

文献缩微标准体系的建立需要经过三个阶段，分别是工作写实与工作分析阶段、工作设计阶段和体系建构阶段，其中工作写实和分析阶段实现对现有工作的数据化、量化统计、列表，将现有工作内容和工作规范完成最初步的抽象化、网格化编辑，为制定标准做出基础性的资料准备工作。工作设计阶段则在工作写实和分析阶段的基础上，对工作内容和工作规范数据进行系统化处理，揭示出其内部的各种逻辑关系，为制定具体标准搭建基本的结构框架；如果把工作写实和分析类比为采掘阶段的话，那么工作设计阶段就相当于选矿和洗矿阶段，接下来的体系构建阶段就进入了真正的冶炼阶段。体系建构阶段包括了标准的制定、日常的管理和形成标准体系几方面工作，是文献缩微标准体系最终成型的时期。

一、标准体系建立的初级阶段：工作写实和工作分析

工作写实阶段是对现有工作进行表格化处理的阶段，经过工作写实表的填写，文献缩微工作现有的全貌将以统一的量化标准、统一的数据格式、统一的参数体系呈现出来。该阶段是接下来一切工作的基础，是一项把日常工作的条文化解读演变为数学式公式的过程。

工作分析的核心是将工作写实表中的内容以讨论会的形式进行分类。经过集思广益，"平面化"处理后工作写实表中的内容会被归纳总结到流程、操作、经验教训、亟待创新之处等不同类别中。这些类别将是质量管理工作的不同侧重点或不同领域、不同对象，这些类别也将对日后制定标准产生基础性的影响：标准的分类及其子体系的分类，在很大程度上，最初是由工作分析中的类别划分决定的。

（一）工作写实

总结文献缩微工作日常主体工作中的客观规律，确定要作为标准化管理工作对象的工作写实对象，进而填写工作写实表。工作写实表包括以下内容：

1.工作内容，即明确该项工作的基本概念、任务、目的和对象。

2.工作方法，即工作的程序、技巧、操作方法和主要技术手段。

3.工作要求，即关于产品质量、最终的工作效果、使用价值等方面的核定。

4.工作条件，即关于工作环境、场地、工具、设备、原料、岗位职责等方面的基本值。

填写完整、详实、可量化、可图表化的工作写实表是对工作分析、质量管理、标准体系构建等方面进行基本测算、评估的基础。

（二）工作分析

进行工作分析时最好的方式是结合工作写实表统计出的各项基本数据，召开工作讨论会，按照对工作标准化改造产生影响的途径，将各项因子进行归类，其主要组成部分如下：

1.流程分析，针对工作流程，将生产前、生产中、生产后的工艺流程进行分阶段分析，并对每个阶段的流程进一步进行细化分析。

2.操作分析，针对工作中主要的重要技术节点、重要技术手段、重大技术方法进行重点定位分析，确定其中对于质量、标准化、效率、绩效等方面影响最为重大的要素。

3.经验教训分析，针对以往生产和管理中暴露出来的主要问题及其危机处理结果，做出总结性分析，提出一般性预防性方案，研究危机应对的标准化方案。

4.创新条件分析，针对目前工作中的硬件、软件和人力资源基础条件，集中指明需要予以改造的重大体制性问题，分析需要进行优先创新的关键之处。

通过工作分析阶段，工作写实表中的各项数据被分类整合为生产流程、操作手册、危机应对、革新改造各个类别，按照分类原则进行各自标准化体系设计的早期准备性分析，是建立标准体系的基础。

二、标准体系建立的中级阶段：工作设计

经过工作写实的量化统计和工作分析的类别化处理后，工作设计是标准体系建立的中级阶段，对文献缩微工作进行设计，对于达到文献缩微工作标准化来说既是标准化的初始阶段，也就是标准体系的滥觞阶段。工作设计主要包括过程设计、内容设计和规范设计三个方面，其中过程设计是初步，内容设计是细化，规范设计是目的。

过程设计是将经过分析阶段后的工作写实表中的各类工作内容和工作对象，设计成流程图的模式，将简单分类的写实表制作成两张基础流程图：生产工艺流程图突出技术在流程中的核心地位，而业务管理流程图突出各项辅助生产的管理要素在流程图中的作用。岗位流程图是前二者的具体化，将生产和管理流程中的每一个岗位细化出各自的操作流程。

内容设计是将流程图简化为工作内容表，强调每个生产流程、管理流程、岗位流程中的核心内容，把线性的流程中的每项工作的核心，单独抽取出来，将每项工作从一个概念演化为一个可监督、可评估、可打分的质量管理对象。内容设计必须在过程设计的基础上，内容表只有在顺畅的流程图制作完成后，才能避免冗余重复和主次不分，才能实现对工作内容质量控制的精准化。

规范设计是在内容设计基础上的进一步升华，将工作内容表进一步简化、抽象为工作规范表；工作内容是实现真正意义上质量管理的基础，工作内容表是质量管理的主要对象；工作规范是编写标准的基础，工作规范表实际就是对标准的需求，要从中索引出已有的标准，同时指明需要补缺的暂无标准。此表中相当多的工作规范，实际就是标准条文的一种变形表述形式。

（一）过程设计

过程设计的关键在于过程的优化和重组，这是对工作分析的进一步理想化处理的结果，一般采用流程图的方法。过程设计又可以具体分成以下三个步骤：

1. 生产工艺流程设计：按照生产工艺的要求，从前到后，设计工艺流程，确定工作岗位。

2. 岗位操作流程设计：在工作岗位确定后，为每一岗位细化出具体的操作流程，实现岗位间的有序衔接。

3. 业务管理流程设计：结合工艺流程和岗位流程，将需要调度、计划、控制的各项生产辅助阶段和辅助事物的程序，按照线性方式进行优化排列，从而保证生产和操作的顺畅进行。

（二）内容设计

工作内容设计的关键是建立工作内容表，工作内容表的基础是岗位流程明晰后，各个岗位的工作内容均有案可查。

工作内容设计要达到分类编码化的水平，要把所有岗位的工作内容，以唯一编码进行编列，这是之后进行标准化质量管理工作的基础。

工作内容设计是对工作流程图的表格化处理，工作内容（编码）表相比于工作流程图是从线性的设计到面的设计的飞跃，是从单一时间逻辑向整体因果逻辑的转化。

（三）规范设计

工作规范设计是工作设计的最后阶段，也是工作设计达到标准制定之前的最高阶段，是标准化体系基础构造阶段的最后一步。

工作规范设计采用工作规范表方式，在工作内容表的基础上，对每项工作进行拆解，确定每项工作要达到的目的、要使用的方法。

在工作规范表建立后，即可对其每个"单元格"（具体规范）进行分类、排列和组合，按照不同的层级和领域，开始制定具体的标准，最终综合构建出标准体系。

三、标准体系建立的高级阶段：体系建构

在经过工作写实、工作分析和工作设计后，工作流程图、工作内容表、工作规范表都已建立完成，即可实质性展开标准化体系建构工作。标准体系建构，一般遵循以下程序进行：标准分类分级、标准起草与制定、标准管理与复审、标准实施与最终的体系建构。

标准的分类分级，是在工作规范表基础上做出的基本分类和定级工作，由于文献缩微工作的特殊性，其所使用的各项标准从权威级别上来说，有国家标准、缩微行业标准、图书文献行业标准、文献缩微自身标准等各个层级；从覆盖范围来说有文献缩微技术标准、文献缩微管理标准、缩微行业高位标准、图书行业高位标准等。将这些标准按照科学的方法，排定纵横有序的位置，将工作规范表改造成"标准范围级别表"，是编制具体标准前的重要一步。

各项文献缩微工作标准的起草方法和一般标准起草的方式并无二致，但前提是必须在标准分类和分级完成之后。因为文献缩微行业是技术上的缩微摄制和行业上的图书文献二者的交集，在

许多技术领域和管理领域，它直接因袭二者的标准，或者稍加损益予以具体适应性改造。如果不进行标准的分类分级，所有标准都需推倒重来。

标准起草之后进入日常管理阶段，从其手段和方法来说，文献缩微标准与其他标准在日常管理中并没有本质区别。但如果从要形成文献缩微标准体系这个任务来说，日常管理工作就显得特别重要。日常管理中，要对每部具体标准的效果进行评价，对预想中的体系进行搭建。如果说标准形成之前，是对工作本身进行体系化设计的话，那么标准形成之后，则是对制度本身进行体系化设计。对工作的体系化属于质量管理的初级阶段，是对具体事务的粗放管理；对制度的体系化则是质量管理的高级阶段，是对规律的把握和对效率内核的探索。

标准经过管理阶段后，将进入实施阶段，只有开始实施的标准才是构建标准体系的唯一对象。如果在实施之前，在草案、试行阶段进行标准体系建构，那是一种纯粹的"从理论到理论"的建构，是脱离实际的单纯文献整合。只有开始实行的标准，真正产生质量管理效能的标准，才是进行体系化建设的对象。这个时候开始的体系建构，才是真正对实践的总结，这种标准不再是单纯文本层面的概念化事物，其中寓有实践检验后的可靠性，因此是具有权威性的。将未权威化的标准搭建到体系中，不仅会导致体系本身流于空泛、脱离实际，更有可能位置错误，影响到体系整体的正确布局。

（一）标准分类分级

1. 标准分类

标准分类的含义是按照前文介绍的工作设计，将文献缩微工作标准分为产品实现标准（技术标准）、基础保障标准（管理标准）和评价改进标准三大类，并确定三大类内部各自的具体小类。

标准分类的具体方式是将工作规范表内的各个规范，按照生产、生产辅助等各自的归属，组合成各自的领域，如生产计划规范群、生产工艺规范群、辅助管理规范群等，然后按照标准的一般编写方法，以一定的顺序和逻辑，罗列为某一部待制定的具体标准的"资料长编"。

2. 标准分级

标准分级的含义是按照规范的权威级别，分成高低上下不同的等级，确定规范之间的服从与被服从关系，确定规范群之间的大小层级嵌套关系。

标准分级的具体方式是把规范或规范群对应的工作权威层次搞清楚，确定某一工作是全局概念还是局部概念，是整体概念还是细节概念。进而将准备制定的标准、要应用的编写方法予以明确，将标准分类之后堆砌出来的若干"资料长编"，分别对应不同的标准编写方法。高位标准、整体标准、权威标准和低位标准、细部标准、非权威标准，有各自的编写方法和格式模板，只有进行分级之后，才能防止标准编写时发生不分主次、重复劳动的现象。

（二）标准起草与制定

标准的起草与制定，是标准体系建立过程的核心阶段和主体阶段，每一部标准建立后，才能最终构成标准体系。标准起草与制定，一般遵循以下的程序和步骤：

1. 调查研究

大量积累有关方面的技术资料和管理经验，将所有相关的科技成果、统计数据、国家标准、国际标准、行业标准、法律法规等综合起来，形成文件库，从中按照需要进行内容筛选、数据借鉴和方法选择。

2. 草案起草

在大量文件基础上，按照不同类别、不同层级标准、不同的编写方法、格式模板，进行标准草案的起草。要注意每部标准编写的同时，对该标准的编写方法进行说明，做出文献梳理和沿革综述工作，以便于将来征求意见和进行改写。

3. 征求意见

以文献缩微工作为例，标准草案起草完成后，要立即面向广大从业者、从业单位进行意见征集，既包括具体的意见，也包括整体逻辑方面的建议。同时，还要向有关的其他上下游行业，如设备和原料供给方，产品的使用方，以及上级单位和上级行业征求意见，力求做到标准草案在内外、大小各方面得到充分的指正和反馈。

4. 验证审查

征求意见得到回复、草案得到充实后，要将草案初步试验的验证报告填写完整，与修改后的草案一起送审。如涉及权威、高位的行业标准和国家标准，则上报上级主管单位审查。如为一般性、本单位技术标准和管理标准，则由本单位组织标准审查委员会负责审查，要注意标准审查委员会成员应与标准编写人员有所差异。

5. 编制代号

按照固定的范式，为每一部送审之后的标准草案制定唯一编号，保证各层级、各类别、各领域标准有唯一代号，今后按照代号进行体系搭建和充实提高是标准化工作的必然要求。编制代号时要保证代号本身具有含义，应尽量从数位和数字中看出标准所属的范围、类别和层级，不能编制没有实际含义的纯粹排序性代号。

6. 批准发布

针对各层级标准的批准授权单位的不同，由上级主管单位或本单位负责批准发布执行，标准草案进入实质化运转阶段。

（三）标准管理与复审

标准管理是草案批准发布后，在日常工作中进行检验、试行的重要阶段。标准的日常管理是进行体系化构建的重要手段，标准经过试行和管理之后，将进行复审，从而确定其修改、作废或沿用的不同处理方式。标准管理与复审的一般过程如下：

1. 试行

在试行阶段，要对标准的全部要素进行检视，经常召开标准执行工作会议，按期填写和汇总标准试行意见报告，对标准的内容、条文等各方面进行广泛、严格的检视。争取以最短时间、最小代价，完成试行任务。

2. 修改

在试行阶段发现标准在范围、内容、规范、条文等方面的若干问题后，进行标准的修改，将修改后的标准返回征求意见、验证，试行阶段进行二轮调整。二轮调整通过后，重新编号、发布，旧有代号作废。

3. 迭代

在试行阶段行之有效、不须进行修改的标准，按照预定时间和工作计划，分批次进行整体综合、体系设计、归档建库工作，如上下游其他标准或整体高位标准进行修改，则按照工作需要，重新给号，做迭代处理，除必要说明外，不进行内容和条文改写。

4. 推广

在试行阶段发现对上下游或者其他具体领域工作，有系统性优越指导地位的标准，按照"同类化递进"模式，衍生为其他标准，旧有标准按照同质化程度，分别做出组合或综合处理。组合处理后的标准，不再单独给号，放大为新的标准。综合处理后的标准，保留既有代号，与同类标准共同属于一个上级体系，另外附文说明。

5. 作废

经过试行、修改阶段后主体部分仍然不能发挥出设计作用的标准，或推广后被完全取代的标准，或由于技术进步被替代的落后标准，以及各种管理体制革新后不能适应新形势的障碍性标准，经过论证后，做作废处理，代号取消，并予以清晰的作废和沿革说明。

（四）标准实施与体系建构

经过管理阶段和复审阶段的标准，将正式进入实施阶段。在实施阶段，要继续对标准进行管理和检查工作，从而最终达到体系化、评价与改进的良性循环。实施阶段需要注意的重点方面包括：

1. 检查执行

在标准实施中，要有专人专岗、专门机构、专门制度负责对标准的执行情况进行经常性、制度化的检查。对生产或管理中出现的不遵循标准的情况进行处罚，强化标准对质量管理的真正法制化、法定化效果，对标准的执行效果和力度提出评价和整改意见，对标准内容或文字表达中暴露出的新问题予以记录和反馈。

2. 体系建构

经过编制、管理和实施长期流程后的标准，逐步达到适应生产、提高效率、促进管理的效果，这时要对所有标准的层级、领域、范围进行二次结构化梳理，编制出本单位日常使用标准体系表，明确横向的领域传递关系和纵向的威权层次关系，强化单位职工的标准化意识，加强标准化培训和教育工作，真正达到质量管理工作的标准化。

3. 评价改进

本单位日常使用的标准体系表制作完成后，以此为基础，实现对标准本身和标准条文的体系化管理。要及时发现表格中缺位的部分，理顺表格中重复杂乱的部分，合并简化表格中冗余的部分。从而真正通过标准的体系化，达到过去长期缺失，目前还在摸索阶段的"评价与改进"工作，达到"文献缩微标准体系"的真正完善化。

第二章　文献缩微质量管理流程

　　文献缩微工作的质量管理，划分为质量规划、质量保证、质量控制和质量改进四个阶段，在前一章所述的标准化工作基础上，按照各自的步骤和要求，共同完成整个文献缩微工作的质量管理工作。

　　质量规划的含义是通过对文献缩微质量规划目标的确定，经过数据分析和实验设计，制定完善的质量计划，其中包括质量手册、质量程序文件集、质量记录等多个部分。通过质量规划不仅要完成上述的质量过程规划，还要完成质量体系规划，后者是质量规划与保证、控制、改进四者之间的结合点。文献缩微质量规划的主要任务，就是在文献缩微标准体系的基础上，制定完善的质量计划，其核心内容包括质量手册、质量程序文件集框架、质量操作记录三者。

　　质量保证是在质量规划的基础上，对文献缩微质量管理计划的落实、检测和审查。质量保证建构了质量管理体系，完善了质量责任文件。文献缩微质量保证最基础的核心是文献缩微标准体系，以标准体系为质量保证的出发点和准绳，强调一种主观层面的质量管理。从这一点来说，质量保证是质量规划在主观范畴的落实过程。文献缩微质量保证的主要任务包括质保体系、责任文件二者，质保体系是在质量规划基础上，对质量管理体系的一方面的细化和强调。

　　质量控制同样是质量规划指引下，对文献缩微工作的质量管理计划进行落实和调整的过程。与质量保证最重要的区别是，质量控制主要强调达成质量计划的客观条件，尤其是设备、材料、技术等方面。文献缩微质量控制工作的核心是明确质量控制点，按照控制点展开控制要素，布局控制方式。经过工作实践可以发现，主要的质量控制点将集中在缩微文献的制作和开发两个阶段，尤其在文献开发阶段，有许多承接文献制作阶段的重要质量控制点。这些控制点既包括技术、设备方面的内涵，也有人员素质方面的要求。如果说文献缩微工作质量管理存在特殊之处的话，那就是传统意义上的质量控制更多强调客观、也就是质量管理在"物"的方面的要素，而质量保证则指出人本身的能力、素质也是可控制的一个对象，要在质量保证基础上递进实现人员素质的"可控"，把主观因素客观化。

质量改进是质量管理工作的最后一步，经典理论中的质量改进是在PDCA方法指导下，对质量管理工作的最后完善。文献缩微质量管理工作的实践则充分说明了这一点，那就是质量规划、质量保证、质量控制和质量改进，不仅是并列的四大部分，而且是递进的四大步骤。质量改进是在控制点经过精确布局、有效把握之后，才能实现的。文献缩微质量改进，在某种意义上来说不是一个最后的、单一的步骤。经过质量规划而明确的质量保证对象，要达到保证的各项要求和指标；保证中最难达成的人的培训，可以经过质量控制的办法予以客观化、量化、可度量化地解决，这样就完成了质量规划的目标。前三者的整个过程是质量改进的结果产生的过程，文献缩微质量管理工作持续改进、持续进步的关键就在于四者之间的联动和一体化，而不是各自开始、平面组合。

第一节　文献缩微质量规划

文献缩微质量规划的基本目标是在严格遵照国家标准的前提下，为高质量地完成文献缩微工作、文献缩微工作的标准化和质量管理工作，制定完善的质量计划。本节以实际工作为例，介绍文献缩微质量规划的概念、流程、成果。

文献缩微质量计划是质量规划的主要成果，以文件的形式表现出来，包括文献缩微质量手册、质量过程文件集、质量记录、质量管理体系设计（草案）等内容，既是质量规划的文本输出形式，也是质量保证、质量控制、质量改进的重要参考资料。

从实践经验来看，文献缩微质量计划工作，在方法、内容上都与标准化工作有紧密的联系。从某种程度上来说，"文献缩微标准体系"和"文献缩微质量管理体系"在逻辑上是一致的，标准体系是质量规划目标的基础，标准之间构成体系的方式也是质量管理各个环节互相配合的方式。

一、文献缩微质量规划概述

（一）文献缩微质量规划的含义

文献缩微质量规划是文献缩微质量管理的重要组成部分，它的首要任务是设定文献缩微质量目标。文献缩微工作的首要任务是对中华民族优秀传统文化进行保护，因此其质量目标的决定要素是达到国家标准，实现珍贵文献长期保存。由于文献缩微工作的特殊性，其质量目标的达成特别突出对标准的落实而非对市场、客户的满足，这与其他许多行业的质量管理工作有鲜明区别。然而，这一质量目标主要通过前面一章的标准化工作予以显示出来，对于质量规划本身的流程与质量计划的输出不构成直接影响。

要达到文献缩微质量目标的手段，与大多数行业的质量规划并无二致。首先，质量规划要完成对目标作业过程和相关资源管理的优化；其次，质量规划形成的文本即是质量计划本身；第三，质量规划是一个动态完善过程，没有最终完成式。这三点含义，表明文献缩微工作的质量规划，仍然属于一般意义上的质量规划范畴，并没有完全的特殊性。

（二）文献缩微质量规划的作用

文献缩微质量规划的作用，与一般意义上质量规划的作用是相同的，主要有三点：其一是完善工作组织、强调统一行动；其二是降低质量管理成本、减少质量损耗；其三是提高工作效率、实现质量管理的卓越绩效。

从文献缩微工作全局来看，质量规划要兼顾到协调组织、控制成本、提高效率三方面的使命，因此其输出的质量计划必须同时在生产调度、损耗统计、效能奖惩方面有所反映。质量规划是质量保证、质量控制、质量改进的第一步，是实现质量管理标准化、创新化的起始阶段。文献缩微质量规划的作用即在人力资源组织、产品精益求精、提高生产效率三方面，对于能否实现质量管理方式的转变，怎样将质量管理工作与标准化工作相结合，具有重要意义。

（三）文献缩微质量规划的内容

文献缩微质量规划，务必要突出质量管理全流程中的关键环节，不能不分主次、不分轻重。总体来说，结合文献缩微工作的客观实际和技术特征，主要有以下几个关键的规划点：

其一是质量目标的规划。要严格落实国家标准，以对待文化遗产保护工作的态度完成工作。质量目标要定得高，定得严，甚至要高于而不是低于国家标准，要严格执行、不打丝毫折扣。接下来的质量保证、质量控制和质量改进工作，都依赖于这个尽量高的质量目标。

其二是质量管理体系规划。文献缩微工作的质量管理是一项在摸索中不断前进的工作，和文献缩微事业的标准化一样，都处于体系构建的关键时期。质量规划工作的重要任务，除了明确质量目标这一核心之外，还有对全局性、体系性的文献缩微质量管理进行规划和设计。这不仅是对规划阶段本身的设计，也包括对保证、控制、改进阶段的设计，还包括四者联动后的设计、将质量管理与标准化结合起来的设计。

其三是质量管理过程规划。具体来说，就是在体系设计的基础上，对各个流程中的重要关节点进行重点设计。质量规划在质量过程方面的重要性，不是对全流程进行流水账式的平铺直叙，而是在体系规划的基础上，找到最重要的几个过程重点，以其为重要的衔接和枢纽，以质量为核心，对其进行规划。简言之，就是对影响质量的环节进行重点规划，体系规划是整体上的设计，此为某些环节上的规划。

（四）文献缩微质量规划的程序

依据文献缩微质量规划的含义、作用和内容，结合文献缩微工作的实际，其质量规划的程序如下图（图2-1）所示：

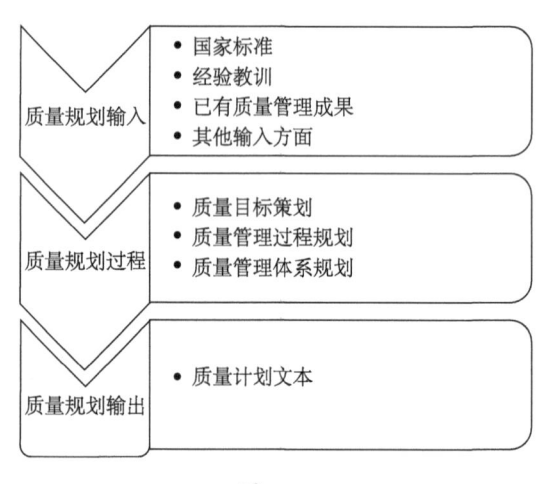

质量规划输入	• 国家标准 • 经验教训 • 已有质量管理成果 • 其他输入方面
质量规划过程	• 质量目标策划 • 质量管理过程规划 • 质量管理体系规划
质量规划输出	• 质量计划文本

图 2-1

从某种方面来说，质量规划的整体程序，和标准化工作有类似的地方。输入阶段类似搜集整理已有标准化文件的阶段，过程阶段类似对具体标准的编写和体系搭建、重点定位的阶段，输出阶段类似标准体系最终成型的阶段。因此，才特别在前文强调标准化和标准体系构建对文献缩微质量管理工作的特殊意义和作用。

二、文献缩微质量计划设计方案——以工作流程图为例

（一）文献缩微质量计划与工作流程的关系

文献缩微质量计划的设计方案，以如下所示的流程图（图2-2）为例具体展开。质量计划作为质量规划阶段的成果，作为质量保证全流程的重要依据，结合文献缩微工作的实际，以工作流程图为依据进行设计，经过实践检验，是最为行之有效、便于操作的方案。"质量来自于计划，而非来自于检查"是现代质量管理学的一个重要理论，优秀的质量计划设计，决定了质量管理的成败，而优秀的质量计划设计，来自于对质量工作全流程的把握。

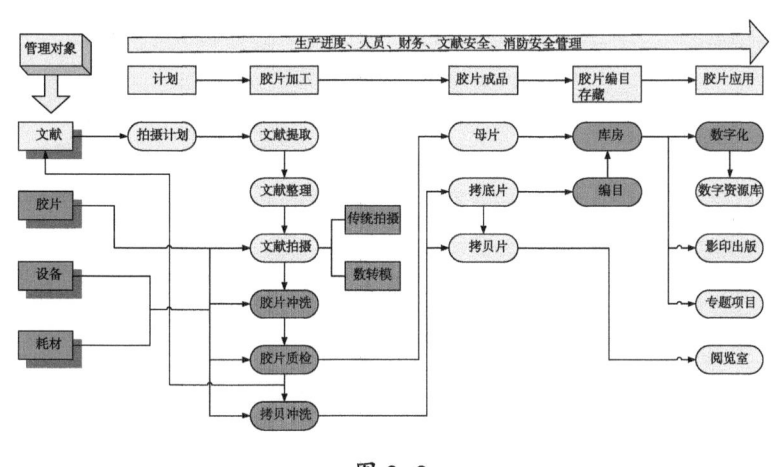

图 2-2

以上图（图2-2）所示的文献缩微工作基本主干流程为基础，质量计划需要关注的重要控制节点有计划、前整理、拍摄、质检、编目、贮藏、利用（开发）7个至关重要的组成部分。这7个节点，各自具有重要的控制质量的地位，同时由于工序的自然衔接而连接为一个整体。需要注意的是，此处对这7个节点的重点把握，是为了进行质量规划设计，也即是生成质量计划成果，与质量控制阶段对工作流程中的控制点把握，是有区别的。这里的7

个节点，是为了设计质量计划而重点提出的，而非仅仅这 7 个节点有质量控制的意义，关于这一点，后文的质量控制部分还要做详细论述。

拍摄计划阶段是衔接从纸质或数字文献到胶片的关键阶段，也是后续所有工作的质量基础。计划阶段要对文献的保存价值、保存状况、数量等要素做出通盘考虑后，结合缩微设备、耗材、人工的实际成本，制定出包含许多质量要素的计划书。计划规定的拍摄数量、拍摄形式、存藏形式、工作进度，都是具有严格约束意义的规定，其实现过程，实际就是保证计划质量的过程。

文献前整理阶段针对传统拍摄和数转模，在操作工艺上有所区别，但是在控制质量的意义上，二者具有相同的含义。文献整理是对缩微胶片质量的第一次具体把握，计划阶段只是对整体质量和质量整体做出数量和时间上的安排，而整理阶段，要对每一部文献拍摄为缩微胶片后的质量做出具体把握。在这个阶段，要完成清单填写、组卷、著录书目数据、制作标版等诸多操作。这些工作都将对后续工作的质量产生直接影响，比如组卷工作的合理与否，对于日后胶片的拍摄、入库、检索、利用，都将产生直接影响。再如标版和清单的制作质量，将直接影响到胶片与书目数据的质量。

拍摄阶段是缩微文献生产的核心阶段，是缩微文献从无到有的主要阶段。关于这个工序流程与质量计划的关系，后文还要根据具体的该阶段的流程图做出进一步分析。

质检阶段是传统的质量检验工作最为关注的阶段，现代质量管理学科引入文献缩微工作后，质量管理所关注的对象已经从单纯的胶片拓展到从业者、制度、标准、利用开发等诸多阶段。然而，文献缩微工作最核心的物理载体和有形成果仍然是缩微胶片本身，对缩微胶片进行质检的环节，仍然是质量管理全部工作的重中之重。离开了质检，计划、整理和拍摄阶段的质量将得不到保证，编目、库房、开发阶段的质量将无从谈起、成为空中楼阁。

编目工作有一整套详尽的工作规定和处理办法，这个阶段创造的书目数据虽然是无形的，但却是目前为止，标准化水平最高、最"有法可依"的，这得益于现代图书馆学的发展，得益于现代目录学以及计算机技术在百年来的飞速进步。将编目阶段纳入整个文献缩微质量计划的工作在文本上比较容易，能够对其他阶段提出一些启发性的思考。

贮藏是缩微文献在生产完成后，具备了全部物理和信息要素后，主要的归宿地。每部缩微文献，无论是以母片、拷底片或者拷贝片中的任何一种形式存在，其被阅读、开发的时间，都远远短于其保存于库房的时间。缩微文献作为一种有效、安全的文献长期保存方式，其最大的优势就在于贮藏本身，而贮藏地也就是库房的入藏、出藏、日常管理，就是重要的质量管理关注的内容。

开发利用是缩微文献的衍生价值，是整个生产全流程结束后，在库中的缩微文献焕发出二度生命的过程。这个工序过去和许多其他工序一样，没有质量管理的概念，处于按照管理和经验进行操作的粗放阶段。如今，通过对其工序内部流程的细化，质量管理的方法深入其中，使原本主观性很强的一项工作，具有了严密的制度化、标准化面貌。关于这个流程与质量规划、质量计划的结合过程，后文还要进一步根据其内部的具体工序介绍。

综上所述，质量规划是质量管理全流程的初始，质量计划是质量规划的成果。质量规划工作的开展，必须以工艺流程为基础。只有对工艺流程进行分析，从中选取具有重大质量意义和价值的关键节点，才能有的放矢，设计出真正具有可操作性的质量计划文本。

（二）缩微文献物理载体质量计划——以拍摄工序流程图为基础

上文指出，设计文献缩微质量计划，需要关注7个重要的质量控制点，其中内部可以展开进行细化的两个最重要的控制点，分别对应缩微文献的物理载体和信息载体，也就是缩微胶片本身和文献选题开发。下文分别以这两个控制点的内部工艺流程为基础，对设计质量计划做出说明。

首先，来介绍一下传统缩微拍摄流程中的质量控制要点。

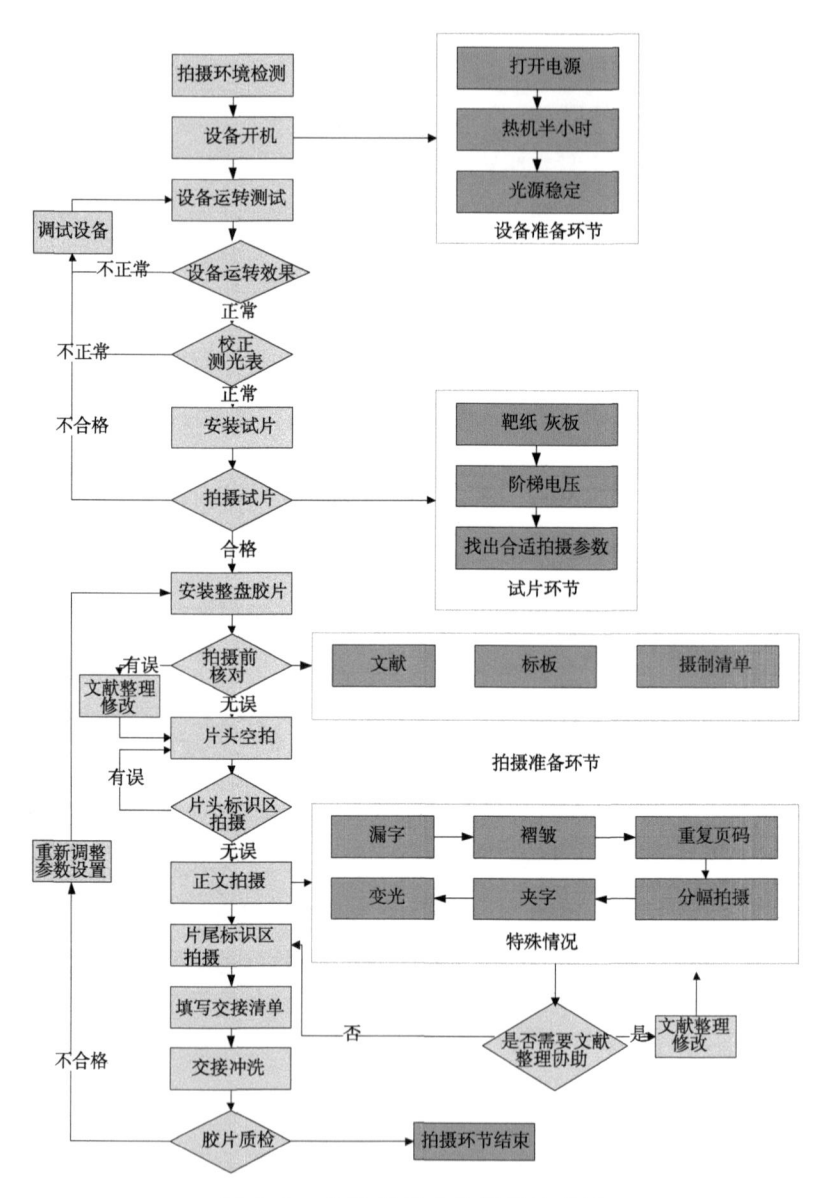

图 2-3 传统拍摄文献拍摄流程图

由以上工艺流程（图2-3）可以看出，传统拍摄环节，对质量产生重大影响的控制节点主要有：设备准备、试片、特殊情况处理、质检四者。质量计划在设计时必须重点针对它们做出有关的质量规划，形成相关的操作标准规范。

在设备准备阶段，要对拍摄环境的合格与否，完成标准化评估，填写质量审查表，改变依赖主观经验决定拍摄进行与否的原始状态。要对设备基本情况、设备运转情况、室内光源情况等制定相关标准，执行每次拍摄前、拍摄中的设备与环境质量表格填写，从源头上保障拍摄阶段的质量。

在试片阶段，针对合格或不合格的试片，都要填写质量报告，明确不合格的主要因素。经过对质量报告的分析，总结出相似情况的普遍处理办法，有效杜绝重复劳动。例如，通过对不合格试片的统计，总结出不合格的原因是文献本身情况恶劣、操作参数设置不合理、设备或环境本身的限制性因素等。经过一段时间的量化统计，就能对普遍性问题得出解决方案，避免每次对每种文献试片都进行一次单独分析。这就是质量计划中必须包括的具体内容，是质量计划与工艺流程相结合的例证。

在特殊情况处理阶段，纸质文献本身造成的漏页、夹字、褶皱等会严重影响拍摄成品的质量。在设计质量计划时，要针对其中的普遍性问题，研究普遍性的处理方法。通过质量设计，将此类问题对最终文献的拍摄质量、质检、开发利用等方面的工作量造成的影响统计核算清楚，制定专门的质量预防计划。

拍摄阶段的质检是早期质检，其目的在于在正式的质检之前补拍不合格的胶片。质量计划在这个流程中的主要任务是把各类、历次、各级质检之间的普遍性、接续性问题总结出来，研究出一种具有共适性的质检标准。更重要的是，通过质量计划，对历次、各类质检之间的关系予以明确，使每次质检的成果接续起来、质量数据报告联通起来，杜绝重复质检。这是质量计划的重要使命，最终要对每次质检的权重比例给出定量参考值，例如某类问题，在某个质检环节，要达到百分之多少的杜绝，下一个环节进行审核其质检达标率即可，不必再重复上一轮工作。

数转模拍摄与传统拍摄在工艺流程上，既有类似之处，也有不同之处。如下图（图2-4）所示，比较具有特点的是设备准备、文件处理、文件编排3个阶段。

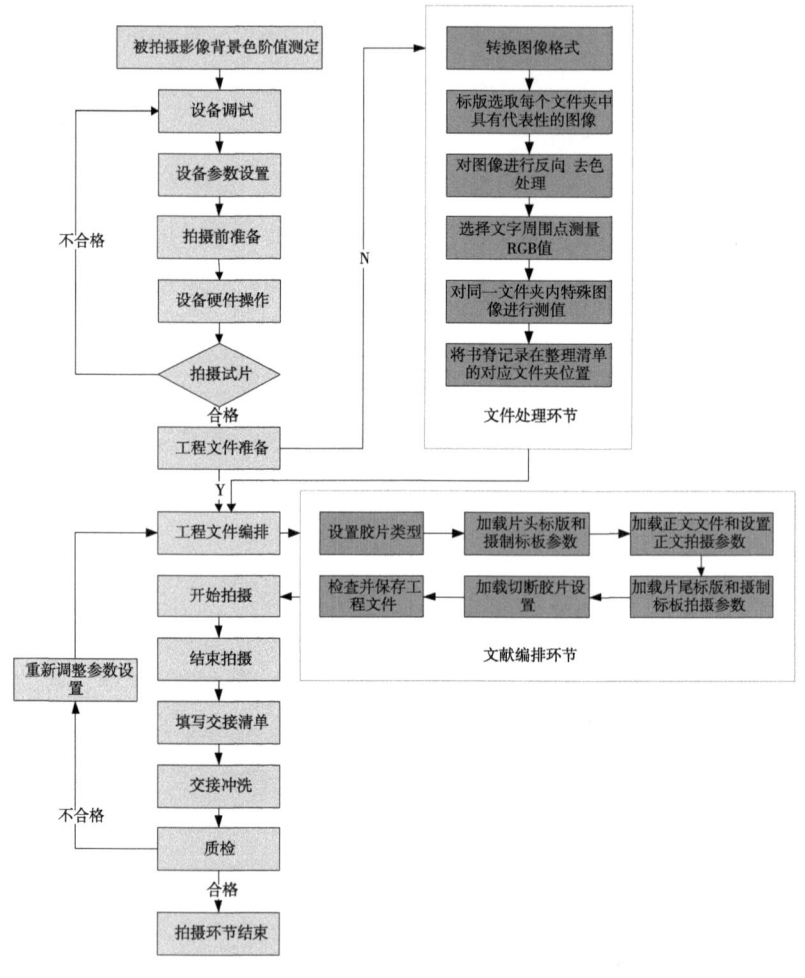

图 2-4 数转模文献拍摄流程图

在数转模拍摄的设备准备、文件处理和文件编排环节，质量计划要做出单独的安排，这是与传统拍摄截然不同的质量工序，二者之间基本不具备具体的共同性，但是在质检等方面，由于缩微胶片物理载体的共同性，传统拍摄和数转模拍摄完全可以使用基本相同的质检标准，不必各自使用单独的标准和质量管理办法，造成人力和时间的浪费。

综上，以拍摄阶段的具体工艺流程为例，质量计划主要完成以下任务：关键阶段质量参数预估、关键阶段质量保证与控制办法、类似和具有接续性工序质量传递与审核办法等。具体来说，在拍摄阶段的质检、正式的质检阶段、编目阶段和入库阶段的质检等各个质检流程，设计出质量审核传递的办法，每轮质检的侧重点不同，而且前一次质检已经完成的任务不再进行重复劳动。要达成的模式是 A→B→C，而不再是 A→A+1→（A+1）+1 的原始质检模式。

（三）缩微文献信息载体质量计划——以文献开发工序流程图为基础

与缩微文献的物理载体相对应，缩微文献的数据载体有更加复杂的质量管理模式，其牵扯的要素更多，不能简单把控的要素也更多。后面的章节，将要论述文献缩微质量管理的技术和人才两方面的创新。

对于缩微文献的非物理载体方面，其含义主要有缩微书目数据、文献开发等。编目阶段的质量计划设计相对简单，有比较成型和具有一定规模的编目标准规范等支撑，因此，这里主要就开发利用阶段的工艺流程进行质量计划分析。

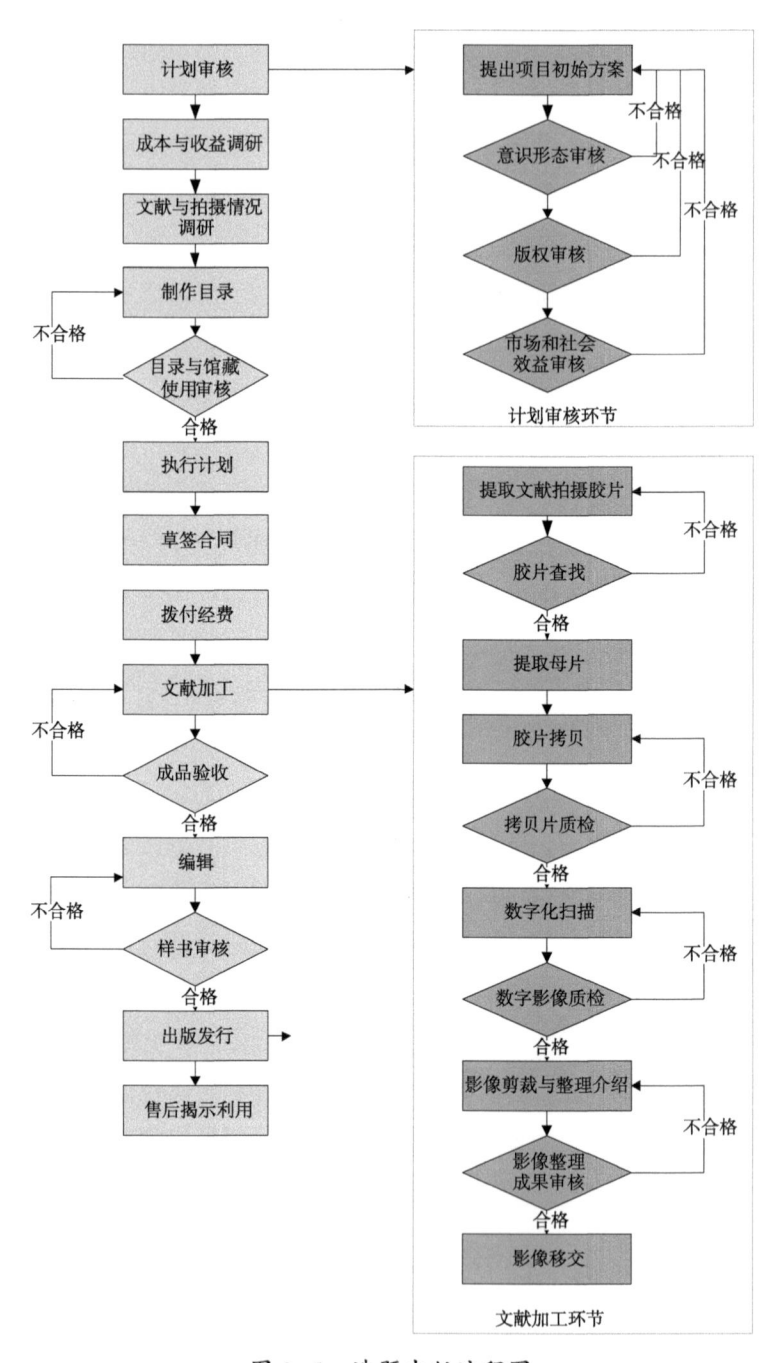

图 2-5 选题出版流程图

上图（图2-5）为缩微文献开发利用阶段的具体工艺流程，从中可以看到，其中主要的质量控制节点是计划、调研、加工、审核4个阶段。下面分别从这4个工艺流程的特征出发，介绍质量计划在设计时怎样与具体的文献开发工艺流程相结合。

在计划阶段，直接影响到文献开发质量的，主要是意识形态、学术价值、市场价值、版权期限这些要素的审核。这些概念以往并没有引入质量管理方法进行处理，只是一个个文献单独进行人工审核、人工预估。在引入质量管理理论与方法后，在质量计划方面，强调要建立起一个涵盖意识形态、版权期限、学术与市场价值、经济与社会效益在内的全方位的质量评审表机制。每次进行文献开发时，要严格填写表中的数据，并且将每一个要素都量化为权重值，一目了然历次文献开发中在计划阶段的主要问题，经过一段时间后，就能发现，影响质量的主要因素，是文献选取时的限制性因素过多，还是文献选取本身涵盖性不足。这样，就能在今后的工作中，从政策、补拍补藏、规避法律风险等方面有的放矢地进行管理。

在调研阶段，要对每次的调研成果质量形成报告，汇总归档。过去没有质量管理概念时，每次调研后，形成的书目，用毕即束之高阁，今后如果需要再用，往往需要二次调研，造成大量重复劳动，降低工作效率。通过质量计划的编定，在开发阶段，对每次的调研成果事后进行质量评估，指出调研成果的主要问题所在，经过几次调研后，形成质量改进。具体来说，将调研成果出现的问题，归因为对馆藏的拍摄不足、对目录的制作等方面，召开质量会议，进行整改。

加工阶段的质量计划，必须与整体工艺流程中的拍摄阶段紧密整合。加工阶段，实质是对文献进行模转数的阶段，属于拍摄后的二次加工。对这个阶段的质量进行控制，主要依赖单独编列的质量标准。要在数转模拍摄和质检的基础上，编列出反向的模转数质量计划。特别是要注意形成与合作方在发生质量纠纷时的处理方案，将这个危机处理方案常态化，将对外的数据交接中可能出现的问题通过质量计划予以预先设计，防止因为交接或者双方由于标准不同造成合作不便甚至关系受损。

最后在审核阶段的质量计划，更需要形成对外质量管理的思路，这个阶段已经不是文献缩微生产单位一家能把握的，往往是双方、三方在共同运转。在加工完成后的交接、编辑、出版过程中，文献缩微的质量设计，主要突出对危机的处理和预判设计。怎样在交接过程中保证数据安全，怎样在编辑过程中提供模转数后期服务，怎样在出版之后作为数据生产方保证阅读效果，最终怎样与合作方更好地营造关系，打造优良的质量口碑，拓宽缩微文献的开发利用渠道和前景，这都是质量计划要完成的任务。

综上所述，以文献开发利用为例，质量规划的先行作用非常明显，只有编制涵盖质量控制关键点的质量计划，才能对开发利用阶段的质量做出提前的预防性措施，并且将来能在开发利用流程结束后，结合质量计划文本，进行审查和整改。

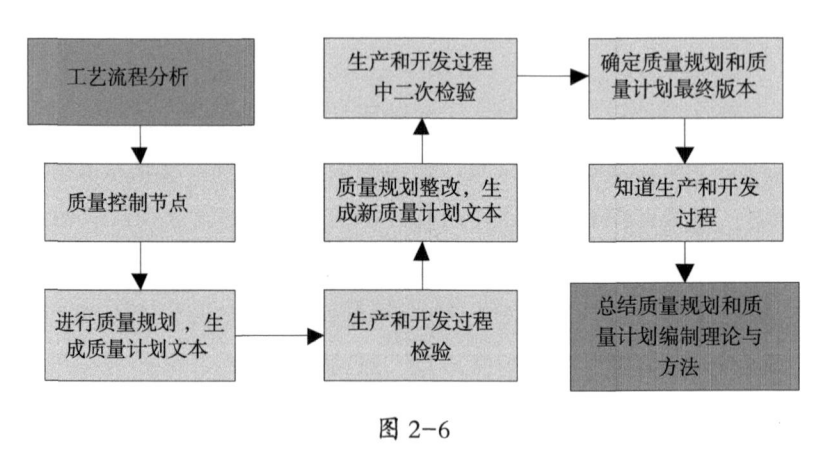

图 2-6

综合以上三部分内容，我们可以认识到，质量计划的设计，必须以工艺流程为基础，必须对工艺流程采用全方位把握和重点细节把握相结合的处理方式，必须从全流程和流程内部的具体构成中选取具有质量控制价值的关键节点，进行预先分析、预先定量，经过模拟和试验，编制出初步的质量计划方案。在实践落实该方案的过程即生产、开发过程中，对质量计划和质量规划做出整改。最终，在整个生产、开发过程结束后，对质量计划和质量规划进行复审和升级，形成更加有效、去除主观色彩的新计划和新规划，应用到新一轮的生产和开发过程中。最后，经过多次实践，统计出每次质量计划和质量规划过程中的普遍性问题，予以整合解决，将质量计划和质量规划进行最终的升级和定型，甚至形成质量计划和质量规划二者的理论性结论，即如何进行质量计划和质量规划的理论与方法。

三、文献缩微质量计划成果

（一）质量计划的体系结构

质量计划是质量规划的输出成果，经过综合运用各种质量规划工具，最终产生的文本就是质量计划。文献缩微质量计划的体系结构如下（图2-7）：

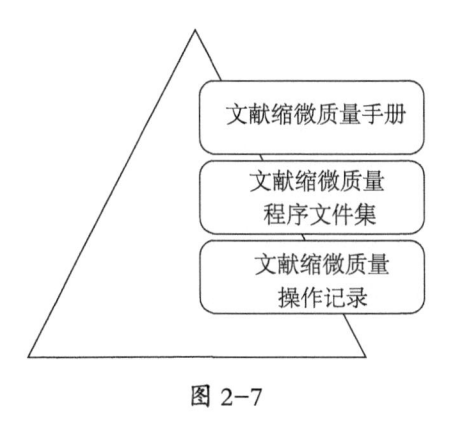

图 2-7

文献缩微质量手册可以包括拍摄质量手册、质检贮藏质量手册、开发利用质量手册等组成部分，针对缩微文献的前整理、拍摄、质检、编目、储藏、开发各项工序流程或质量管理对象进行展开，该手册是所有担负质量管理职责人员的唯一标尺。

质量程序文件集是对操作手册所涵盖不到的质量管理体系、质量管理流程的计划性、指令性文件的汇总，以文献缩微工作来说，包括了前整理、拍摄、质检、编目、储藏、数字化、开发7阶段的所有质量程序文件，这些文件汇集起来，在文件管理部门保存，作为核查质量、修订修改的经常性文件。此文件集要逐步数据库化，以便经常性地修改，使质量检查人员能够更加方便地利用或提出修改意见。

质量操作记录是历次质量核查的记录，同时包括历次质量标准更改从而更改核查方式的记录。按照文献缩微工作的实际，质量操作记录分为两个文件库，第一是日常工作中的质量登记，第二是日常检查中的质量核验。这两项记录之所以属于质量计划范畴，因为质量计划以质量手册为权威形式下发之后，日常工作中质量程序文件集为"裁判依据"，二者就像是立法和司法性质。但是检验质量计划是否存在瑕疵，实现质量计划经常性修正，就需要对发生过的质量计划的执行效果进行汇总和审视。因此，质量操作记录除在生产部门、质检部门保存外，还要定期上报质量计划编制部门，由该部门将这些"案卷"进行数据化处理、数字化提炼，以备将来迭代质量手册、质量程序文件集之用。

（二）质量计划的编制方法

文献缩微质量计划的编制应具备以下四个阶段：

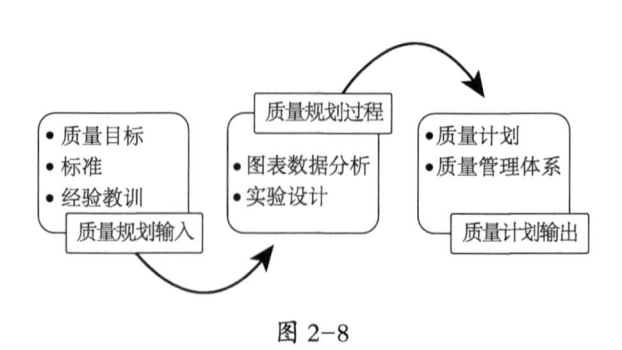

图 2-8

1.成立文献缩微质量规划与质量计划编制小组，由主要领导负责，从各个工序、部门抽调人员组成编写组，其间的组织协调人员为计划文件具体撰写人员，日常的质量手册、质量程序文件集、操作记录等都由其负责保存与整理。

2.质量规划与质量计划编制小组进行质量规划输入工作，将质量目标予以明确，整合现阶段所有行用的标准与标准式文件，总结经验教训。

3.通过上文介绍的以实际工作中质量计划为范本的图表分析和实验设计，得出质量计划的初级成果和各项数据参数。

4.制作完善的质量手册、质量程序文件集框架体系、质量操作记录表格式、质量管理体系（草案），前三者属于质量规划本身的成果，后者同时是质量保证与质量控制的成果，将在后文予以继续论述。

（三）质量计划的具体输出

经过整个质量规划阶段的努力，文献缩微质量规划的基本成果应具备如下组成部分：

《文献缩微质量目标技术指标与实现办法》

《文献缩微工作质量手册》

《文献缩微质量程序文件集框架体系与使用方式》

《文献缩微质量操作记录表》

《文献缩微质量管理体系化路线图》

具体来说，《文献缩微质量目标技术指标与实现办法》在宏观上提出了文献缩微质量管理工作的整体目标，特别是怎样落实标准体系的要求。其包括对质量管理体系的设计，也包括对质量保证、质量控制的设计。《文献缩微质量目标技术指标与实现办法》从最顶层要求了质量保证要达到的人员素质、质量控制要达到的节点数据，其内容不作顶层设计之外的一般性展开。

《文献缩微工作质量手册》在文献缩微工作标准体系的基础

上，细化出缩微文献前整理、拍摄、开发、贮藏等各个工序的质量要求，以"法定化"的形式，作为必须达到的目标。手册是《文献缩微质量目标技术指标与实现办法》的具体展开，每项工序和每个可量化的标准操作，都有相关的数据来规定。在日常的生产中，它既是随时参考的准绳，又是质检时一票否决的唯一文件。

《文献缩微质量程序文件集框架体系与使用方式》是程序性文件产生办法的抽象提炼。在质量手册中不便进一步展开的操作方法、技术难题解决技巧、质量瑕疵解决办法、错误操作补救办法等，各自有各自的撰写形式和使用方式。汇集到一处，作为质量手册附件时，不能简单归档，必须有一个统一的格式、框架，要把普适性的要素登记到一个统一文件中，作为完善和统合此类程序性文件的索引和纲领。

《文献缩微质量操作记录表》包括各个工序、各个阶段的质量操作记录，该表格不做强制性细节格式统一，凡是有关质量的操作记录，都要明确赋予"质–X"编号，予以明确使用范围，与其他无关质量管理的工作记录表格相区别。前整理、拍摄、贮藏、开发利用各个阶段，各自对应质—1、质—2、质—3、质—4等编号。

《文献缩微质量管理体系化路线图》是打通标准体系、质量规划、质量保证、质量控制四大部分的重要方案。由于《文献缩微质量管理体系化路线图》不是一蹴而就的事物，尤其是文献缩微工作刚刚开始应用质量管理学科开展工作的起步阶段，路线图整体结构的完善，应与文献缩微标准体系的完善一样，按照步骤有序展开。

第二节　文献缩微质量保证

文献缩微质量保证工作，以文献缩微标准体系为依据，以最终建立文献缩微质量管理体系为基本任务。文献缩微质量规划工作提出建设规划、建设办法、建设草案后，文献缩微质量保证工作是对其实现、发展、修正的阶段。

由于文献缩微工作自身的特点，在质量保证工作中最重要的就是构建高效、完整的质量保证体系。该体系既是质量保证工作的关键，也是质量管理全流程工作的关键。

文献缩微质量管理体系还包括质量审核与认证机制，该机制的建立是质量保证阶段的又一重要任务。结合文献缩微工作的实际，决定建立以质量文件管理体系、质量审核机制、质量认证机制为三阶段的质量认证与审核机制，其中前两个阶段在人员构成和工作程序上，形成叠加、传递的模式，最后一个阶段自成一个最终总结阶段。

一、文献缩微质量保证概述

（一）文献缩微质量保证的含义

根据质量管理学的一般理论和文献缩微工作的实际，文献缩微质量保证要完成的任务主要包括文献缩微质量管理体系、文献缩微人员培训体系、文献缩微质量审核机制三方面的内容。

建立质量管理体系，是包括文献缩微在内的各行业质量保证工作的核心内容。在质量管理的整个过程中，质量保证阶段要完成的最核心任务，就是建立质量保证体系。由于文献缩微工作的特殊性，其质量要求的最终实现，并不是完全以市场为导向的，而是以确保实现国家标准为终极任务的。因此，文献缩微质量保证体系的核心是文献缩微标准体系，手段则是在文献缩微质量管理体系规划的基础上对体系本身进行创新、细化和落实。换言之，文献缩微质量管理体系，是连接文献缩微质量规划和质量保证的桥梁，是二者交接的共同成果。

对于文献缩微工作的质量保证来说，人员培训工作显得尤其重要，是质量保证和保证质量两方面共同的重要内容。能不能保证质量，从业人员的主观性有重大影响。由于文献缩微行业在生产集中度、生产自动化方面有很多独特的地方，相比于设备和各项规章制度，人员的素质对于质量的保证意义格外突出。因此，文献缩微质量保证工作，尤其是质量管理体系的建构，在很大程度上要对人员培训以重点关注。

文献缩微质量保证工作另一方面的任务，是生成有关的质量审核机制。如果说质量管理体系的核心是标准体系的话，那么质量审核机制的核心就是文件生成模式。由于文献缩微工作的质量管理工作刚刚起步，完全有能力在清理旧有文件、创制新文件的基础上，同步完善质量文件审核机制。之所以如此，是因为在长期工作实践中，已经逐步创设出了一种质量文件管理模式与质量审核认证机制互相保障的模式。

（二）文献缩微质量保证的内容架构

从结构上来说，文献缩微质量保证，终极目标是创立文献缩微质量管理体系，核心是完善文献缩微标准体系，关键是制度化人员培训和人员管理模式，内容还包括建立质量审核机制，其内部的结构和与质量管理其他阶段的关系，如下图（图2-9）所示：

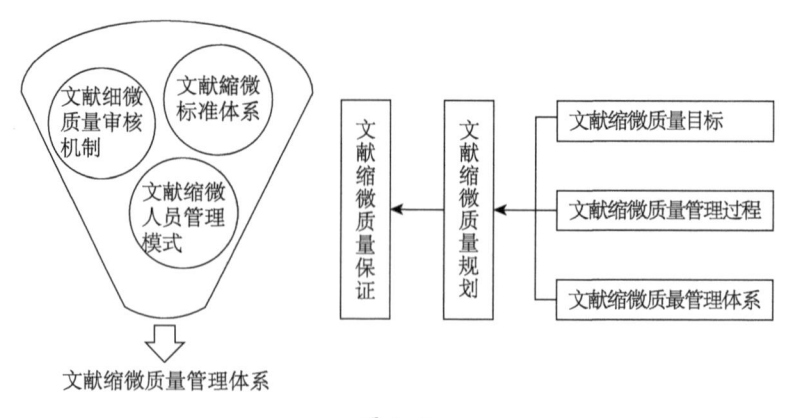

图 2-9

从逻辑构成来说，文献缩微质量管理体系包括标准体系、人才体系、文件体系（审核机制）三部分，标准是核心，人才是关键，文件是保障。质量管理体系经过质量规划阶段的初步设计，在质量保证阶段最终形成完整面貌。此处涉及一个质量保证和保证质量的关系问题，这两个概念在现代质量管理学科中，是密切相关的。具体到文献缩微工作来说，质量保证这一概念，突出体系性；保证质量这一概念，更加强调细节，如人员管理模式、文件审核机制，都是保证质量的重要手段和方式。

总体来说，文献缩微的质量保证，突出主观方面对质量的保证，主要依靠人员培训机制和管理方式来实现对质量最有力的保证。客观方面对质量的工作，属于质量控制范畴，将在下一节论述。文献缩微工作按照主客观的不同途径，将质量管理工作分化到质量保证和质量控制两个阶段，其主要因素和质量控制需要大量精准的、可量化的控制点是密切相关的。相比之下，质量保证工作，更加偏向于对不易量化、不易以控制点为方式进行跟进的工作进行展开，如人员的活动。

二、文献缩微质量管理体系的建成

（一）文献缩微标准体系的拓展

依照文献缩微标准体系的三大组成部分，以及内部各自的子体系，可将其分别对应到质量管理的四大组成部分中。需要说明的是，这种对应是对主要方面和主要特征的把握，并不是严格的一一对应。比如，人力资源管理标准子体系的拓展，主要属于质量保证层面，但是也需要在质量规划阶段予以前期设计。产品实现标准主要在质量规划编制计划阶段发挥指导作用，但也是质量保证的重要依据。

从主要关系的角度来说，文献缩微标准体系对于文献缩微质量保证最主要的拓展就是人力资源和文件管理两个标准子体系。依照两个子体系的要求，将两个子体系落实到具体的操作办法上来，就实现了文献缩微质量管理体系的绝大部分工作的具体化。将已有的标准及其内部的逻辑结构，具体化为可造作、可执行的工作手册和操作守则，既是对标准体系的拓展，也是对质量管理体系"由骨到肉"的打造。

（二）文献缩微质量文件管理体系的初创

文献缩微质量文件管理体系，是文献缩微质量管理体系的重要组成部分，同时也是文献缩微质量审核与认证机制的重要先导。文献缩微质量管理体系，以标准体系、人员体系、文件体系为三大要件，文件体系是对质量管理、质量保证最终效果的记录，也是今后继续改进的文本依据。而质量审核与认证机制，主要的对象载体是过去发生的质量记录，也就是经过质量管理和质量保证阶段处理的、体系化的文件。

因此，创立文献缩微质量文件管理体系，不仅是日常工作中质量保证和保证质量的要求，也是整个质量管理体系的重大步骤。根据设计和初步实验，应创设的质量文件管理体系如下：

1. 质量文件编制人
2. 质量文件审核人
3. 质量文件研究员
4. 质量文件编写规范
5. 质量文件审核规范
6. 质量文件迭代规范

上述六大组成部分中，前三者与人员培训与管理体系相关，后三者则是更加具体的文件本身的管理方式方法。

质量文件编制人，在多数情况下，和上文曾经论述的质量保证直接关系人是相同的，他们是日常工作流程中的黑带，在记录质量数据的同时，形成质量文件。在编制阶段，质量文件最主要的要求是及时和准确。因此，质量文件编写规范，最重要的就是质量事件在一个完整时段发生后，立即形成质量记录。质量文件编写规范要求，所有质量文件要按照标准体系中的文件标准子体系，赋予独一无二的编号。按照各个工序流程，分别归入计划、前整理、拍摄、冲洗、质检、编目、贮藏各个文档类别。质量管理文件相比于一般生产记录，其最突出的特征是较少程式化描述，主要是数据统计。每份质量文件，都由标准参数、实际数据、达标分析或错误分析三部分组成，具有高度专业性。

质量文件审核人，是由资深黑带或初级黑带大师担任的，在日常工作中，他们是某一完整工序的最终负责人。审核规范最重要的是按时、完整总结。经过实践，以月为单位进行质量文件审核，同时每半年进行一次全流程审核，集中所有审核人召开会议，解决跨工序阶段的质量问题。每年再进行一次总结审核，完整总结过去12次审核中的普遍规律。

质量文件研究员，由资深黑带大师担任，是对所有文件进行日常管理与归档的专职人员。质量文件研究员在日常的归档工作中，对审核结果进行再评估，来判断哪些质量问题文件是偶发可避免的，哪些是必须进行迭代更新的。研究员并不直接参与质量管理技术操作，而是通过对质量文件的研究，从中总结出问题的规律，以文件管理的方式，优先对质量文件进行保证，从而影响到对质量管理非文件部分的保证。

三、文献缩微质量审核与认证机制

质量保证的内涵，包括质量管理体系和质量审核认证机制二者，其中质量管理体系是质量保证对于整个质量管理流程的系统性整合，而质量审核机制是质量保证阶段自身主要的输出成果。质量审核机制共包括质量审核人员、流程与要点三方面的内容，是质量保证的成果，也是质量控制的基础。

通过上述三个阶段的努力，文献缩微质量保证体系基本成型，质量保证工作得到稳妥可靠地完成。在质量保证工作中，质量审核与评估机制是重要组成部分。该工作的主要对象载体是质量文件，但该工作除质量文件本身的审核和评估外，还有一些干系人、制度方法方面的内容。

（一）文献缩微质量审核机制的人员构成

文献缩微质量审核与认证机制，由执行者、执行方案、执行对象三部分构成。文献缩微质量审核与认证机制，是文献缩微质量管理体系的一部分，也是质量保证工作的重要组成内容。这里需要注意的是，该机制的审核与认证对象是质量管理文件，也包括在工作中形成的一些低位、细节标准，而不是产品或服务本身的质量。

由于文献缩微质量审核与认证机制与文献缩微质量管理文件体系之间存在上述既有区别又有联系的密切关系，故二者的执行者或干系人也是有诸多异曲同工之处的：

1. 质量审核与评估执行人
2. 质量审核与评估检查人
3. 质量审核与评估机制总负责人

上述的三类干系人，与质量管理文件干系人形成递进关系。质量审核与评估执行人，由质量文件审核人担任，其对质量文件进行审核的同时，负责完成基于此类文件的质量审核与评估工作。质量审核与评估检查人，负责对执行人的审核与评估结论进行全面的二次检查，与上文介绍的质量文件研究员由同一人担任。研究员在研究质量管理文件体系时可以使用抽样方法，但是在执行审核与评估报告的检查任务时，必须全部检查。

执行人和检查人均从质量管理文件体系干系人中"对应升级"递进而来，而总负责人的岗位是一个专职岗位，在质量管理文件体系中没有对应的人员，其职责是对机制本身进行把握，按期审查机制结构与内容是否合理，机制运转是否有效；同时，担负着对检查人、执行人进行顶层监督的责任,并且负有对其进行业务培训和技术指导等临时性责任。

(二)文献缩微质量审核与评估机制的流程与实行要点

文献缩微质量审核与评估的基本流程图如下:

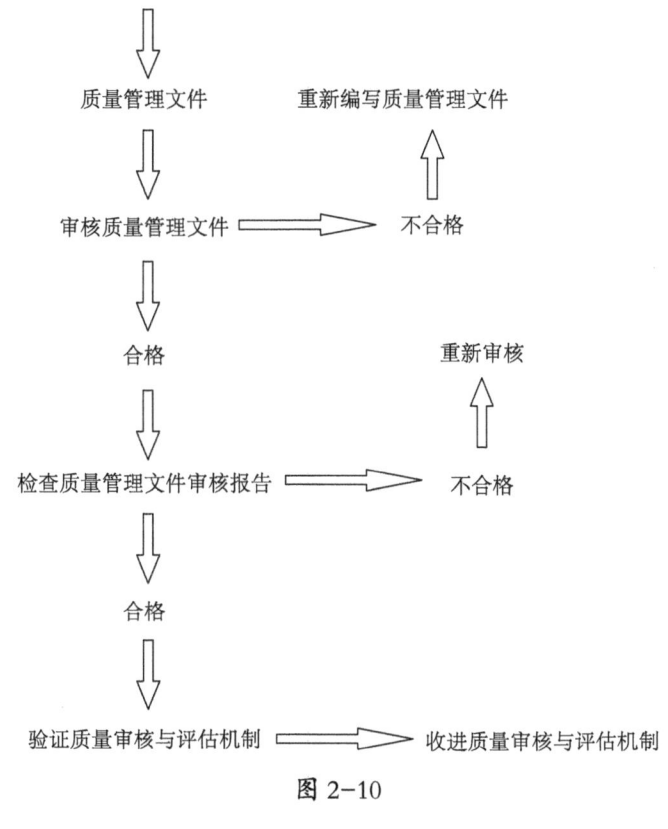

```
        ↓
    质量管理文件           重新编写质量管理文件
        ↓                        ↑
    审核质量管理文件  ⇒      不合格
        ↓
        合格
        ↓
    检查质量管理文件审核报告  ⇒  重新审核
                                    ↑
                                  不合格
        ↓
        合格
        ↓
    验证质量审核与评估机制  ⇒  收进质量审核与评估机制
```

图 2-10

如图(图 2-10)所示,质量管理文件干系人和质量审核与评估干系人密切协同,两个组织有重叠也有衔接。质量审核与评估,是质量保证工作的最后一道关口,其主要审核与评估对象为质量管理文件,但文件直接承担了产品和服务实体的质量记录。该机制的运行,还需要注意的要点有如下三点:

1. 审核的基本依据是文献缩微有关标准,尤其是顶层国标和其他不可短期改变的重大工艺标准。这是质量审核的基本遵循，质量审核的根本作用在于通过审核对质量文件和质量实体进行最后环节的保证，落实质量规划的所有既定设计。文献缩微工作的质量审核，最终的落脚点必须是审核是否与顶层标准、上位标准、普遍标准、一般标准高度契合。因此，审核的依据不能是较频繁更新的其他下位标准、具体标准，更不能是日常工作中的经验或约定俗成的惯例。

2. 为保证审核的权威性，减少其中的错误，审核应采用二审和三审相结合的方式。一般性的按月归档的质量文件，实行二审，即一次审核之后，以半年为时间节点，进行二次审核，确保其中无误。两次审核的负责人是不同的，以避免人为主观因素对审核的影响。对半年、一年汇总后的质量管理文件的体系化成果，进行三审，即年底由总负责人，将一审和二审之后的报告，进行第三次审核汇总，保证所有质量经验彻底文件化、所有质量问题不延宕到下一个生产周期。

3. 建立"质量评估文件"标准模式，在审核之后对审核工作进行评估，对审核结果进行认证。质量评估文件的功能，就是将审核成果以认证报告的形式备案、公布、执行，认证报告本身就是某一具体标准开始执行的标志，也是标准体系又一次丰富的标志。质量审核工作是质量保证的一环，质量评估工作是质量审核工作的最后一节，通过质量评估，对前一阶段的质量审核工作的成果进行理论提炼、体系总结，从而将经验和成果予以固定化、标准化，作为下一阶段避免重复劳动的关键。质量评估与认证工作的负责人，与质量审核的总负责人应有所区别，这样能保证审核成果得到最公正的处理，也能保证质量保证工作的成果得到更深层次的提炼。一般来说，质量评估与认证的最终负责人，是文献缩微单位的最高领导。评估与认证不是平时要做的工作，属于总结性工作，因此日常不需要保留类似质量管理文件体系、质量审核体系那样的专门队伍，不需要和前二者构成人员上的递进关系。

第三节　文献缩微质量控制

文献缩微质量控制工作是和文献缩微质量规划、质量保证工作一脉相承的。按照质量规划的设计，特别是按照文献缩微标准体系的设计，质量控制主要侧重的是比较便于量化、比较便于精确把握的"客观方面"，与质量保证主要在"主观方面"的责任不同。在另一方面，文献缩微的质量控制与质量保证又在很大程度上是互相配合的。

文献缩微质量控制，包括如下两个重点方面：

第一是明确文献缩微质量控制的整体面貌和概念，明晰其相对于一般性质量控制的普遍性和特殊性，明晰其相对于文献缩微质量保证的相同点和不同点，设计出符合文献缩微工作自身特点的质量控制的方式、方法和过程。

第二是明确文献缩微质量控制点，将质量控制工作最核心、最重要的要素予以点状确定、精确施治，将工作流程和工作要素抽象为质量控制点，明确其质量控制核心数据和要求。

基于以上观点，特别选择了文献缩微传统拍摄的质量控制体系进行具体展开，借此对文献缩微的质量控制做出比较易于把握的实例化说明。

一、文献缩微质量控制概述

（一）文献缩微质量控制的含义

文献缩微质量控制工作的核心重点是，按照质量管理学的一般理论，以控制点的布局、细化和充实为主要手段，对文献缩微质量工作进行有效把控，严防质量问题。质量规划和质量保证，分别在顶层设计和外部条件方面对完成质量管理工作落实了自身的任务。质量控制工作就是要在二者的基础上，通过长期的工作实践和反复试验，将若干可能出现质量问题的关键点、薄弱点进行抽取和重点监控。

按照文献缩微工作自身的特点，质量控制点高度集中在缩微文献的制作和开发两个环节。这两个环节在质量控制方面，有各自的要求，有各自的控制方法和控制手段。同时，这两个控制点构成质量管理的传递关系，制作环节的质量会极大影响开发环节。由于这两个环节在工作内容本身上的差异，因此其控制方法也是不同的，下文将分别对其予以阐释。

除控制点外，文献缩微质量控制工作还有自身的一个鲜明特点，就是其客观性。前文已对文献缩微质量保证工作由于自身特殊性所具有的特点进行论述，本节将详细讨论文献缩微质量控制工作的客观性特点。在质量保证照顾不到的地方，主要靠质量控制工作将标准体系的设计予以落实，将标准真正变为可控制的标准化。换言之，文献缩微标准体系，经由质量规划引入具体工作后，主要靠质量保证和质量控制予以落实，最终达到质量改进。如下图（图2-11）所示：

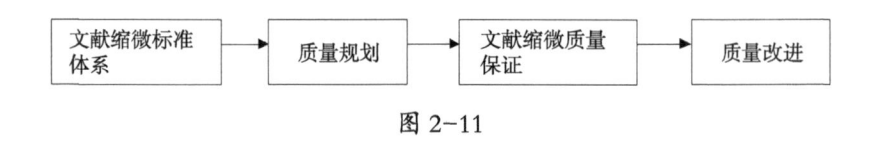

文献缩微标准体系 → 质量规划 → 文献缩微质量保证 → 质量改进

图 2-11

（二）文献缩微质量控制的特点

文献缩微质量控制的最主要特点在于对"客观方面"物的控制，这是与文献缩微质量保证主要对"主观方面"人的保证最大的不同。以缩微文献的制作阶段来说，有关缩微文献的前整理、拍摄、冲洗、质检各主要工序，都要设置有关机器、设备、材料、环境方面的控制点。这些控制点经过严格把控后，才能对质量构成坚实支撑。这些物方面的控制点，要与人方面的质量保证人员形成结合关系，才能最终完成质量管理工作。

以文献缩微的开发阶段来说，编目、整理、揭示、服务诸工序，也是质量控制的对象。和缩微文献制作阶段不同的是，这个阶段的控制点选取将更加抽象，控制对象在很多方面针对的是软件化的物，而不再是硬件性质的、有客观实际形态的物。对文献开发阶段进行质量控制，对质量管理的要求更高，是下文提出质量管理"综合化"概念的基础来源。下文还要对此进行专门分析。

综上所述，怎样将客观方面的质量控制精确到点，又怎样与主观方面的质量保证相结合，就是文献缩微质量控制工作的主要难点和重点所在。

（三）文献缩微质量控制的目标

文献缩微质量控制的目标是将所有影响文献缩微工作和缩微文献质量的，可控的、可物化的、可量化的对象进行分析和拆分，选取其中的关键作为控制点，实现对质量的有效监控和精确定位。文献缩微质量保证工作的目标是建立质保体系，形成质保队伍，实行审核机制。与此相适应，文献缩微质量控制工作的目标是建立控制体系，形成规章制度，实现 PDCA 的良性循环。

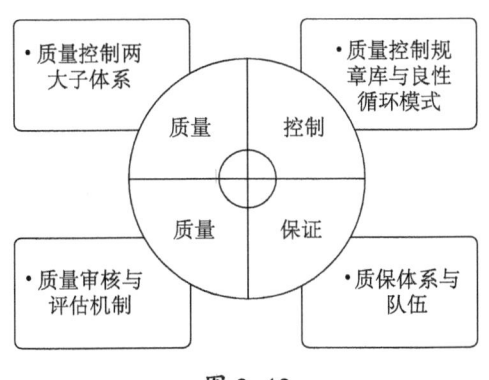

图 2-12

具体来说，依照文献缩微标准体系和质量规划成果，结合质量保证方面的设计，分清主次，与质量保证既有区别又有配合，形成合力。文献缩微质量控制体系包括制作质量控制子体系和开发质量控制子体系两个方面，两个方面又各自与对应工序的质保队伍、质保体系形成呼应，各自包括软硬件方面，为落实质量规划，配合质量审核机制发挥作用。

　　文献缩微质量控制规章库，与质量保证方面的文献缩微质量文件管理体系相适应、相配合。包括所有控制点的质量规章制度要求、记录、整改方式，也包括控制点的选取、更新方式，同时涵盖规章制度体系本身的逻辑结构，这是质量控制的基本成果，也是最终目标的基础表现形式。

　　在质量控制规章制度体系形成后，推动这一体系按照PDCA的方式，实现编制、实行、检查、处理的过程良性循环，最终完成质量控制的体系化，就是文献缩微质量控制工作的最终目标。

（四）文献缩微质量控制的过程

　　文献缩微质量控制的总体过程为：质量控制体系设计→质量控制点设置→质量控制规章制度库建设→质量控制PDCA运转模式建设。经过四个步骤之后，文献缩微质量控制工作才能得以比较全面地解决，才能与前文所述的质量规划、质量保证体系相适应。

　　经过实践，质量控制体系设计分为三大部分展开，其一是与质量规划和质量保证的适应性设计，其二是对缩微文献制作和开发两大子体系的设计及控制点的设计，其三是对质量控制体系本身PDCA模式的设计。经过设计之后，要基本形成《质量保证人员的质量控制职责》《质量控制点设置和改良办法》《质量控制的整体运转与改良机制》等文献，对质量管理工作构成了有益的指导。

　　经过质量控制点的设计，质量控制规章制度已经基本成型，但仍然是众多各自为政的文件。经过对这些文件的汇总，从中抽取普遍特征，形成此类文献的编写方法、应用方法、迭代方法，才能是规章制度库建设的完成。这个过程，实际是标准化的一个体现，同时也是质量控制与质量保证紧密结合的体现。

在体系设计、控制点设计、规章制度库设计三重任务之后，质量控制工作实际已经完成了 PDCA 循环中 P 和 D 阶段，即编制和实行阶段。怎样预先设计检查和处理办法，即实现 C 和 A 阶段的要求？下文将从质量规划、质量保证、质量控制、质量改进的关系进行深入讨论，找出质量控制和整个质量管理全流程的 PDCA 方式，并最终在全流程内完成质量控制的最后一个步骤。

二、传统缩微拍摄的质量控制体系

缩微文献的拍摄质量直接关系到文献的长久保存。随着文献种类的日趋复杂和待抢救总量的不断增长，缩微拍摄质量需要控制在一个稳定而良好的状态。基于此，从传统缩微拍摄的流程入手，借助质量控制体系理论，选取流程控制节点，明确每个控制节点的控制要素，从而建立了适于传统缩微拍摄的质量控制体系架构。通过对每个控制节点的严格定期检查，实时给出质量控制体系的内部流程反馈处理，可以有效应对拍摄过程中的各种因素，及时消除拍摄中的普遍性问题，保证文献的拍摄质量。

随着数字技术与网络信息技术的冲击，缩微技术不断顺势转型，与数字技术融合，由传统缩微拍摄技术衍生出数字缩微技术，形成了传统缩微与数字缩微并行的文献保存方式，缩微技术的工作重点也逐渐转移到文献的长期保存方面。

缩微文献的拍摄质量直接关系到文献的长期保存，是缩微技术最为核心的关切。文献种类的日趋复杂和待抢救总量的不断增长，致使对缩微拍摄质量的要求不断提高。一方面，传统缩微拍摄依赖人工操作，是一项技术与经验双重要求的技术工种；另一方面，缩微拍摄是一种针对不同对象的重复性操作，看似工序复杂，却是有据可循。因此，对传统缩微拍摄探讨质量控制体系建设，可以有效提高缩微品质量，保证缩微文献的长久保存。

（一）传统缩微流程概述

缩微拍摄是借助于影像曝光技术，将文献内容在缩微胶片上形成"潜影"的过程。按照传统缩微拍摄的工序，如下图（图2-13）所示，各流程主要为：

拍摄环境准备 → 核对文献与胶片 → [试片拍摄 → 整卷拍摄（拍摄过程）] → 封装胶片送至冲洗

图 2-13

1. 拍摄环境准备

（1）检查卫生、光线、稿台，确保拍摄环境符合要求；

（2）黑白拍摄机主要分为 M2 和 D5N 两个型号，前者用于拍摄 35mm 胶片，后者用于拍摄 16mm 胶片；彩色拍摄机为 PS2002，用于拍摄 35mm 彩色胶片；

（3）依据拍摄机的使用规范，检查拍摄机电压是否平稳、照明是否均匀、快门是否正常，确保各项指标符合要求。

2. 核对文献与胶片

（1）了解文献原始状况，核对《文献整理清单》和《文献摄制清单》与文献一一对应，准确无误；

（2）核对胶片型号和保质期，确保胶片未经曝光。

3. 拍摄过程

（1）胶片安装。根据拍摄机暗室的装片示意图，正确安装胶片，确保胶片运行正常；

（2）试片制作。根据曝光时间、曝光量和冲洗速度等参数，合理制定试片方案，确定拍摄参数；

（3）胶片拍摄。依据我部制订的文献摄制相关规范，根据不同类型文献（古籍、图书、期刊、报纸）整理要求，按照护片区、片头区、原件区、片尾区的顺序，拍摄胶片；

（4）特殊原件的拍摄。遇到原件底色不均、超大画幅、原件破损等情况，要根据文献摄制相关规范，正确拍摄原件。

4.封装胶片

拍摄完毕后，胶片封严在胶片盒中保证不漏光，填写拍摄工作单，送交冲洗人员。

（二）流程控制节点选取

传统缩微拍摄的质量控制体系是指致力于满足缩微品质量要求的管理系统。通过在拍摄流程中选取控制节点，采用质量检查、数据统计等方法分析缩微品的质量原因，从而控制缩微品的拍摄质量，使之符合质量技术要求。在传统缩微拍摄质量控制体系中，每个控制节点都需要拍摄人员根据摄制标准、操作流程的要求进行实时地监督，以保证拍摄过程的质量符合规定要求。因此，传统缩微拍摄的流程控制节点选取至关重要。

根据缩微拍摄的流程特点，结合目前缩微品拍摄质量的统计分析，传统缩微拍摄流程中影响最终成品质量的因素主要为特殊情况拍摄（包括漏字、文献褶皱、重复页码等）、设备自身状况（包括胶片划伤、局部曝光、影像模糊等）、正常拍摄（标板错误、密度不合格等）。设备自身状况因素可以在设备准备阶段和试片阶段进行分析控制，而正常拍摄因素则需要在拍摄后的质检环节进行统计分析。因此，对于传统缩微拍摄的质量控制体系中，流程控制节点依次选取为：设备准备阶段；试片阶段；特殊情况处理阶段；质检阶段。质量计划在设计时，必须重点针对这四个节点做出有关的质量规划，形成相关的操作规范标准。

（三）质量控制要求

1.设备准备阶段

对拍摄环境的合格与否，完成标准化评估，填写质量审查表，改变依赖主观经验决定拍摄进行与否的原始状态。要对设备基本情况、设备运转情况、室内光源情况等制定相关标准，执行每次拍摄前、拍摄中的设备与环境质量表格填写，从源头上保证拍摄阶段的质量。

2. 试片阶段

针对合格或不合格都要填写质量报告，明确不合格的主要因素。经过对质量报告的分析，总结出相似情况的普遍处理方法，有效杜绝重复劳动。例如，通过对不合格试片的统计，总结出不合格的原因，包括文献本身情况恶劣、操作参数设置不合理、设备或环境本身的限制性因素等。经过一段时间的量化统计，就能对普遍性问题得出解决方案，避免每次对每种文献试片都禁行一次单独分析，这就是质量计划中必须包括的具体内容，是质量计划与工艺流程相结合的例证。

3. 特殊情况处理阶段

纸质文献本身造成的漏页、切字、褶皱、分幅、变光等会严重影响拍摄品的质量。在设计质量计划时，要对其中的普遍性问题，研究普遍性的处理方法，通过质量设计，将此类问题对最终文献的拍摄质量、质检、开发利用等方面的工作量造成的影响统计核算清楚，制定专门的质量预防的计划。

4. 质检阶段

拍摄阶段的质检是早期质检，其目的在于在正式的质检之前，补拍不合格的胶片。质量计划在这个流程中的主要任务是，把各类、历次、各级质检之间的普遍性、持续性总结出来，研究出一种具有共识性的质检标准。更重要的是，通过质量计划，对历次、各类质检之间的关系予以明确，使每次质检的成果接续起来，质量数据报告连通起来，杜绝重复质检，这是质量计划的重要使命，最终对每次质检的权重比例给出定量参考值，例如某类问题，在某个质检环节，要达到百分之多少的杜绝，下一个环节进行审核其质检达标率即可，不必再重复上一轮工作。

（四）质量控制体系建立

基于流程控制节点的质量控制要求分析，结合传统缩微拍摄的流程架构，最终搭建适于传统缩微拍摄的质量控制体系模型，如下图（图2-14）所示。该模型中，要求在四个控制节点明确质量控制要求，根据下面《传统缩微拍摄质量控制体系表》逐项检查，记录检查结果，并进行流程上的反馈处理，从而最大程度上规避拍摄过程中的可控因素，保证拍摄缩微品的拍摄质量。

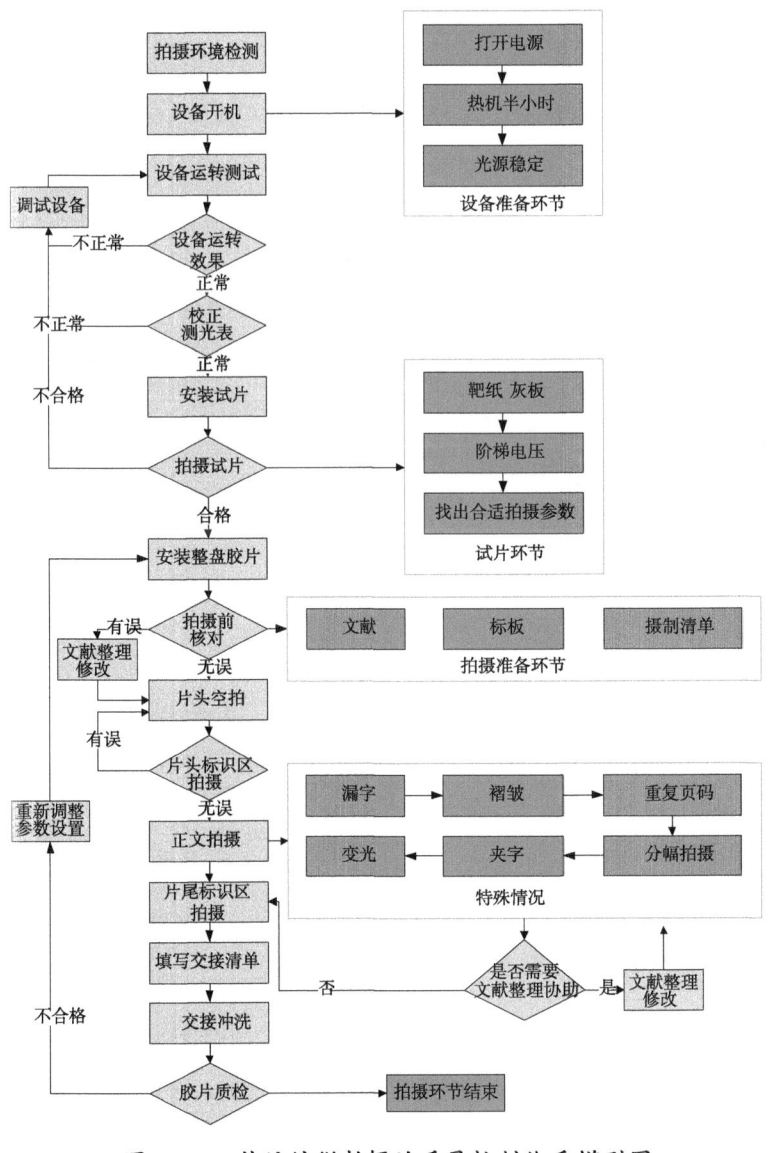

图2-14 传统缩微拍摄的质量控制体系模型图

传统缩微拍摄质量控制体系表（内容示例）

控制节点	检查内容	检查依据	检测方式	结果记录
1.设备准备阶段	1.1 环境检测	缩微拍摄环境要求	仪器测量	每次拍摄前、拍摄中
	1.2 设备基本情况	缩微设备使用手册	目测比对	每次拍摄前、拍摄中
	1.3 设备运转情况	缩微设备使用手册	手动测试	每次拍摄前、拍摄中
2.试片阶段	2.1 靶纸试片	试片制作要求	标准比对	定期记录
	2.2 文献类型试片	试片制作要求	标准比对	定期记录
3.特殊情况处理阶段	3.1 核对待拍摄文献含有的特殊情况处理概况	待拍摄文献与整理清单	目测比对	每次拍摄前
	3.2 制定特殊情况处理方法	文献摄制规范	标准比对	每次拍摄前
	3.3 评估工作量的影响幅度	文献摄制规范	标准比对	每次拍摄前
4.质检阶段	4.1 设备准备阶段造成的质量问题分析	胶片质检规范	比准比对，统计分析	定期记录
	4.2 正常拍摄阶段造成的质量问题分析	胶片质检规范	标准比对，统计分析	定期记录
	4.3 特殊情况处理阶段造成的质量问题分析	胶片质检规范	标准比对，统计分析	定期记录

（五）质量控制的 PDCA 循环

在长期的工作实践中可以逐步认识到，质量管理的四个流程，即质量规划、质量保证、质量控制、质量改进，在文献缩微领域中，有其鲜明的特征。其中，最为主要的就是，四者既是传递性的，又是配合性的。具体来说，在文献缩微的核心生产流程中，质量保证和质量控制工作配合特别紧密。二者几乎不能完全划分出先后顺序，而是分别在主观和客观、事前和事中强固结合的。

质量控制是文献缩微质量管理的核心环节，质量规划和质量保证，都最终为其服务。对质量控制进行 PDCA 的循环处理，实际就是对整个质量管理环节进行 PDCA 循环。比如，质量控制规章制度的编制、实行、检查、处理，实际上牵扯到对质量规划的调整、对质量保证体系和审核机制的调整。

因此，完成了质量控制体系设计、控制点设计、规章制度库设计之后，真正要完成质量控制的第四步骤，也就是 PDCA 循环的时候，实际上要从质量改进的通盘机制上予以论述。在长期的工作实践中愈发认识到这一点，才能自觉将质量控制作为质量管理最核心的"事中"阶段，要完成 PDCA 循环，必须从质量改进的方面去思考，必须突破质量控制本身的畛域和范畴。

特别需要值得注意的一点是，经过长期工作实践逐步构建起来的质量规划、质量保证、质量控制方面的成果、体系、文献，都是一个永续状态，都是一个永远无法最终完成的"进行时"，这些 PDCA 永远在进行中，这正是质量管理对文献缩微工作的一个最大的改造、最大的思维方式颠覆和创新。下文将以此为基础，具体解释和介绍本书著者是如何在日常工作中认识和实践质量改进，将其作为 PDCA 的主要方式的。

第四节　文献缩微质量改进

文献缩微质量改进不仅是文献缩微质量管理工作全流程的最后一环，同时也是文献缩微质量规划、质量保证和质量控制再出发的起点，文献缩微质量管理工作永远在路上，和所有行业的质量管理工作一样只有进行时没有完成时。

文献缩微质量改进的基本方法是基于 PDCA 循环模式，通过对质量管理各个环节发现的新问题的处理，修正质量规划、质量保证、质量控制的具体手段和方法，完善三者的设计，优化三者的体系结构，达到经常性地"高水平再出发"模式。

经过实践，对质量改进进行有效化的方法，在于设计出质量改进模式、组建质量改进队伍。质量改进模式或称质量改进方法，最重要的特征是非独立性和一体化性。非独立性，指的是其来自质量规划、质量保证、质量控制三者运行过程中发现的新问题，或者预想中要发生的潜在问题。一体化性，指的是其改进设计，必须一以贯之，对整个质量管理全流程产生作用，而不仅是对某一环节的小修小补。文献缩微质量改进队伍不是常设的，而是以质量规划、质量保证、质量控制的"顶层黑带大师会议"的模式产生的。三个环节的黑带大师通过总结各自在体系化设计、运行方面的问题，提出整改意见，汇总后产生改进方案，督促改进落实。

文献缩微质量改进工作经过探索后，设立了专时研讨制度、随时反馈记录制度、快速试点和体系修正相结合制度，三项具体的质量改进方法和思路。专时讨论制度，就是以年为最大单位，强制性对上一年质量管理工作进行总结，提出质量改进方案和落实办法；如果某项技术、设备、工艺、规章制度在初始阶段、上马阶段，则将质量改进研讨会的召开进一步频繁化，以半年或季度为期限。专时研讨制度的目的，就是营造一种质量管理永远在路上的惯性，让质量改进从口号和想法变成强制性的任务。随时反馈记录制度，指的是在研讨会召开之外，出现的有关质量管理方面的新问题的解决办法，必须马上记录在案，集中或单独召开临时质量改进工作会议，对重大的、带有全局性的质量管理问题，做出迅速反应的制度。快速试点和体系修正相结合的制度，其含义是在定期召开的质量改进研讨会和不定期召开的临时质量改进工作会议结束后，先落实质量改进的具体方案，迅速试点，迅速改变现状；在试点取得一定成效后，即使归纳、总结，完善质量管理文件、制度，形成质量改进由实践到理论总结的制度化和标准化。

归根到底，文献缩微质量管理工作，与文献缩微标准体系建设工作，是相辅相成的。因此，文献缩微的质量改进工作，其理论核心在于标准体系建设中内在要求的评价与改进机制。评价与改进机制是标准化的题中应有之义，怎样实现评价与改进本身的标准化、定期化、制度化、常态化，对于许多行业来说是新生事物和新生概念。对于文献缩微行业也不例外。本书著者介绍的文献缩微工作的质量改进有关问题，也是在实践摸索中产生出来的认识。质量管理本身的体系化，质量改进工作本身的标准化，都是以一个完整体系面貌出现的。离开了质量管理全流程的综合把握，离开了质量管理与标准体系相结合的观点，就不能对质量改进问题有正确、完整的认识，就将仍然流于形式和口号，就不能实现质量改进的标准化、常态化、制度化。

一、文献缩微质量改进概述

（一）文献缩微质量改进的含义

文献缩微质量改进有三重基本含义：

首先，它是文献缩微质量管理全流程的最后一环，如果说规划先行、保证预备、控制主体的话，它主要在质量控制之后，针对控制失效、未控制的空白点进行改进。事实证明，仅仅这样的质量改进是远远不够的。而且文献缩微质量管理工作的前三个阶段本身在设计、实践阶段就不是简单传递关系，单一对质量控制进行改进的模式是不正确的，也是一种落后、僵化的方式。

第二，文献缩微质量改进是一种一体化、标准化的方式，其对于质量规划、质量保证、质量控制进行全盘的 PDCA 处理，对前三个阶段的运行、危机、再处理，进行通盘的改进。改进的结果将反馈给前三个阶段各自的体系设计中，举一反三，发挥1+1＞2的效果。实践证明，通过质量改进工作的主体才能最大发挥出效能的质量改进，才能在不成立专门队伍，不脱离实际工作的基础上，产生最佳的质量改进效果，也就是"治未病"。

第三，质量改进工作本身要实现标准化和制度化，也就是不论针对规划、保证、控制各个流程，应该有一种统一的顶层设计，来确定质量改进的一般思路和一般模式。这是质量改进的高级阶段、理论阶段，也是整个质量管理全流程理论总结的顶峰和集大成阶段。如果拿六西格玛理论来比喻的话，质量规划、质量保证、质量控制、质量改进各个环节内部的具体执行者和意见反馈者相当于绿带；这四个环节整体的体系设计者和应用监督者，属于黑带；那么，这四个环节集中到质量改进这一最终阶段后，就相当于黑带大师。最终，以质量改进为结束的前一个PDCA循环和以质量改进为开始的后一个PDCA循环，还要总结出一套更高层次的理论，这就类似大师中的大师了。

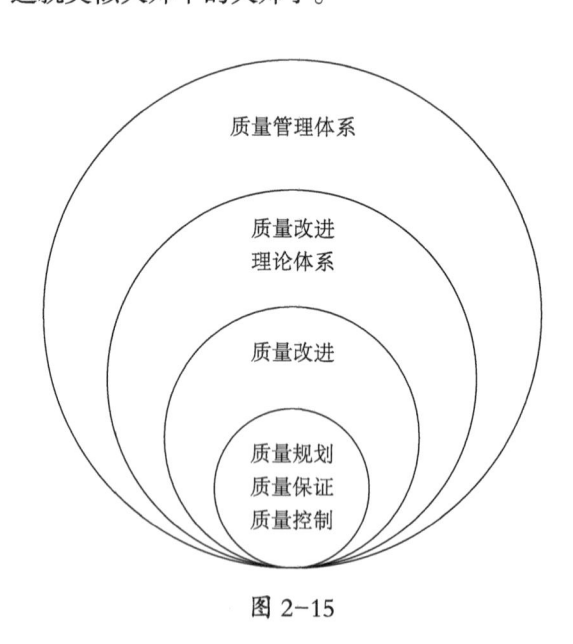

图 2-15

下文主要从后两重含义来介绍文献缩微工作质量改进是如何实现一体化和标准化的统一的，这同时也对前文三节的 PDCA 建设有直接或间接的指导作用。

（二）文献缩微质量改进的方法

如上文所述，文献缩微质量改进的具体方法，主要围绕定期的研讨会和不定期的工作会议两种方法来展开。

质量问题的产生，往往以主观错误和客观失误为主要表现形式。主观错误的出现，主要是质量保证培训不过关、质量保证人员出现失守造成的。客观失误的出现，主要是技术设备本身的不足或故障造成，或者一些突发的不可控因素。针对这两种问题，首先由质量保证人员和质量控制人员来负责记录、提出整改办法，并试行整改办法，提出试行办法。

对已发生的质量问题进行改进，是质量改进的主体任务。同时，它还有一项不可或缺的次要任务，就是对潜在的质量问题提出预估，并提出整改办法。这些潜在的质量问题，可能目前没有发生，但是质量的精益求精就像技术的进步一样无止境，同时，文献缩微事业的社会性极强，还要充分预想到在进行开发、提供服务后产生的质量风险。这些预估和预设计工作，也由质量保证和质量控制人员来进行最初处理。

上述两方面工作完成后，如果事态紧急，则召开质量改进工作会议，针对某一质量问题，调整设计、执行新方案、马上试点和实行。同时举一反三，审查其他环节，防止出现同类错误。在举一反三的过程中，最重要的就是要求质量规划人员审查相关设计，务必从源头上起到预防作用。

如果审查之后，发现的质量问题不突出、不普遍，影响的规模有限，或者以潜在问题为主，现实问题不明显。则以节约时间成本、人力成本、不影响日常工作进度为准，将问题记录在案，留待年底或某一特殊时间点，召开质量改进研讨会。在会上，召集质量规划、质量保证、质量控制三类负责人员，深入挖掘潜在问题的根子，明确对日后的重大不利影响，敲响警钟，将质量问题消灭在萌芽阶段。

同时，质量改进定期探讨会，还要着重处理两次研讨会期间召开的质量改进专项工作会议的遗留问题。认真总结经验教训，找到上次研讨会没有发现质量问题的病根所在，将专项工作会议期间来不及解决的深层次整改、理论体系再设计工作问题，予以解决。

质量改进工作不设专门队伍，不设专门人员，由文献缩微工作总负责人、最高领导担任实际召集人，由质量规划、质量保证、质量控制负责人（出席）和直接相关责任人（列席）组成。一般来说，定期会议设在年底，临时会议随时召开。如新上马或实行某项制度、技术、工艺，则定期会议定在年中，或工作计划执行达到一个季度时。

每年或者每次定期会议结束后，从三阶段质量管理队伍中抽调专门人员，成立会议文件起草和落实小组，以月为期限，在一周之内总结完需要进行质量改进的具体问题、修正完需要改进的所有文件、重构完所有发生变化的体系；三周内督促各个环节落实改进方案，提出试验报告，正式报备实行。新的质量改进落实后，改小组随即予以撤销，人员仍然返回旧工作岗位。

为了实现人才培养的科学优化，每年的质检改进会议，原则上只保留上次参与人的50%以内的人员留任，大力保证新人出席，大力保证新鲜血液的不断充实。同时，质量改进会议，应该尽量在日常工作不很繁重的日期召开，允许相关业者自由参与旁听，在会议文件起草和落实小组活动期间，允许业者自由采用口头或书面形式提出建议或意见。

二、文献缩微质量改进的实施

（一）文献缩微质量改进的常态化机制化

为了真正落实上述的质量改进方式、办法，在实践中，要设计许多机制来保证质量改进工作不流于空谈和口号，能够真正实现进步。

首先，建立了质量改进奖惩机制。对于每年或不定期在质量改进方面提出重大建设性方案、解决重大潜在风险的个人和集体，进行奖励和表扬，在今后的质量管理工作中赋予其更高的职责和任务。对于每年在质量改进工作会议上乏善可陈、人云亦云、不称职的质量管理人员，撤销其本身的质量管理职责，重新进行培训。对于某些环节、工序长期无法主动发现质量问题，则对负责人予以撤换，乃至对该工序和环节进行撤并和人员重组。

其次，建立质量改进年度审核制度。凡是没有完成质量改进任务，没有经过质量改进完成文献重构、体系调整的年度、季度，均作为年度工作未完成的情况予以处理。强制各个质量管理负责人、直接责任人在年底的质量工作总结中，提出质量改进方面切实可行的建议、意见、方案、预设计。质量改进奖惩机制主要对会议参加者进行约束，质量改进年度审核制度则对全员进行约束，并将其作为年底评定工作成绩的重要依据，表现优异者可以吸收进入年底的质量改进会议，表现欠佳者调离质量管理关键岗位、重新培训。为保证质量管理和质量改进工作的最佳效果，该项工作每年先于质量改进会议进行，由质量改进会议的核心组成成员对每位员工提交的年度或定时报告进行预先审核。

第三，强化质量改进的主体责任意识，增加培训，扩大职工视野，促进自发的质量工作创新。要动员一切力量，将文献缩微工作的创新作为重大使命予以贯彻到底。强化每位职工的质量改进意识，让员工以每年取得质量改进为常态、为底线，彻底破除某些制度、规范、工艺数年、甚至十余年不更新的惯性。在经费、人员上，对职工的质量专项培训进行支持，鼓励职工自发进行技术革新，鼓励对信息化、智能化的不断尝试，尽量去除手工劳动、主观经验的影响。鼓励职工互相监督、互相学习，自我进行体系化设计、阐发个人见解。将质量管理的宏大体系经常性讲解、介绍，作为一个开放体系，允许大家开拓思路，运用体系化思维方式，取长补短，积极发现问题，特别是潜在问题。

（二）文献缩微质量改进的一体化标准化

质量改进工作不仅要对质量管理的其他流程进行专项整改，完成一个新的PDCA循环的设计和再出发，而且要形成一整套标准化的自身设计方案。以文献缩微质量改进工作为例，建设一套质量改进自身的标准化方案，也处于筚路蓝缕的阶段。

质量问题的产生千差万别，质量改进的方案各自施政，但是，质量问题也有最核心的普遍性，怎样对这一核心普遍性进行预防，就是质量改进在顶层方面的一大任务。以文献缩微工作来说，缩微文献的质量问题集中在胶片的物理特征和内部蕴含的信息要素两方面，怎样在生产和利用阶段，尽快实现彻底的"客观化"，怎样将人因为能力高低、经验多寡、技术生熟造成的差异尽量排除在文献缩微质量需要考量的范围之外，是一个长期、艰巨的课题。但是，这也是指向质量根本改进、根本飞跃不能不考虑的问题。现在的问题是，在一些环节，机械化已经实现，需要信息化将机械化的误差最大限度地避免，这一任务相对容易。在另一些环节，手工劳动仍然占主体，这是进行质量保证和质量控制的难点，对其改进和突破需要长期的攻关。目前，可以采用多次培训、经常培训、经常轮岗的办法，逐步降低手工劳动的强度、减少重复度，力争在机械化、信息化方面有突破进展，是一项比较稳妥的办法。这是质量改进在治未病方面的典型体现，也是质量改进对质量规划、质量保证、质量控制进行通盘考虑、一体化设计的结果。

除了对"质量"进行普遍提炼，还需要把"改进"二字进行深度挖掘。

质量改进可以对具体的工艺、流程、操作进行改进，也可以对体系化的质量规划、保证、控制的方案和方式进行升级和迭代，但是，在这些改进中，什么是普遍性的方式？怎样实现这些改进本身的理论化、标准化，是一个重大的应该思考的问题。

质量改进位居PDCA的最后一环，也就是处理（A）阶段，但是，其本身就是一个完整的PDCA闭合系统，质量改进本身经过了方案设计、方案试行、方案检验、方案推广四个阶段。换言之，改进本身，就是一个设计、试点、审查、颁布的过程，其本身蕴含着一些普遍性、标准性的方法和做法，现在还揭示和利用得不够。举例来说，对质量规划的改进，容易流于从方案到方案的现象；对质量控制的改进，容易发生就事论事、难以拔高、难以举一反三的现象。这些都是对质量改进本身的普遍规律、普遍方法把握不足的表现。目前来看，在改进中，采用方案——全面检讨——细部落实——体系重构的方法，可以最有效地将质量改进一次性贯彻到质量规划、质量保证、质量控制全流程中，但是，这种方法是否具有不刊之论的地位，是要进一步研究和实践的。目前的实践表明，这种强制性的思路虽然能保证每次很好地举一反三、防患于未然，但劳动量和工作量也很大，需要每次都进行彻底检查、全面重构，效率冗余的问题是一个潜在的隐患。

以上从两个方面论述了质量改进的标准化问题，这是整个质量改进工作中最难、最抽象的一点，也是整个质量管理工作中最难、理论性最强的一点。在今后的工作中，还要结合文献缩微事业的实际，在这方面开展进一步研究和实践。

中编 文献缩微质量管理创新

第三章　文献缩微质量管理创新思路

随着信息化的蓬勃发展，文献缩微事业的质量管理工作也应与时俱进，迈上一个新台阶。质量管理工作的信息化和智能化是未来的必然趋势，任何工程技术事业的质量管理都将迎来这个必然阶段。文献缩微事业的质量管理，必须适应信息化大潮，产生出一种新模式和新体系，才能更好地为我国的文化保护事业做出新的贡献。本章将从远景规划、基本方法、执行思路三方面，为文献缩微质量管理的新模式搭建顶层平台。

作为文献缩微事业来说，质量管理的信息化必须从技术、人才、观念三方面实现。首先是现有技术装备的信息化改造和质量管理软件的设计，这是质量管理新模式的物质基础。基于信息化时代的质量管理人才培养，是质量管理新模式的主体。如果技术的信息化是硬件建设，信息化人才的培养就是软件建设，二者缺一不可、相辅相成。最后，由于文献缩微缩微品承载的巨大文化价值，对业者提出了全程质量管理和效能质量管理的新使命，只有在观念上进行革新，充分适应这一现实，主动设计出全程质量管理和效能质量管理的新模式，才能真正实现文献缩微质量管理工作的根本飞跃。

为了加强研究成果的直观性和实用性，本章选取了文献缩微工作实践中开发成功的一个质量控制系统——数转模流程管理系统为例，来具体论述文献缩微质量管理的具体创新方式和方法。

第一节　文献缩微质量管理创新的内在动力

一、信息化的时代主题是文献缩微质量管理进步的内在动力

　　文献缩微事业的质量管理，存在既有传统模式与信息化飞速发展的时代主题产生了一定程度上脱节的问题。只有立足信息化、适应信息化、主动地参与到信息化建设进程中来，才能实现文献缩微质量管理工作真正意义上的现代化。

　　中华民族的传统文化广泛地寓于文献之中，而传统文献的保护，在很大程度上就是传统文化的保护。缩微事业对于文献保护的功能已为业界所熟悉，具有无与伦比的巨大优势。文献缩微技术在文献的保护与利用方面都能够提供有力支撑，文献缩微品可以实现对原始文献内容的完全复制，同时具有数据文献的传播复制特征，是研究中华优秀传统文化的重要载体。社会主义文化的大发展大繁荣包括对中华优秀传统文化的传承与弘扬，文献缩微质量管理工作的加强也是实现这一宏伟目标的应有之义。

　　本篇通过对"文献缩微质量管理"的案例分析，着重从质量管理新模式的技术板块、人员板块和效能板块三方面论述质量管理的意义、方法和实践。文献缩微事业是中华传统典籍保存保护战略的一个重要方面，事关中华优秀传统文化的继承与发扬。因此针对该工作的管理、质量的把控，必须慎之又慎，精益求精。

　　凡事预则立、不预则废。任何事业的成败，都在于事前规划的成功和事中执行的坚决、灵活。质量管理学科理论与方法的应用，能够推动实现人员、资金等资源的合理配置。

　　本篇在分析文献缩微传统工作质量管理的实际状况基础上，总结现有运行模式及管理方法的优劣，充分运用质量管理理论与方法，结合现代质量管理的实践特点，研究借助现代质量管理的

工具与技术，并将质量管理的理论与方法应用到文献缩微工作中，从而为事业的顺利开展提供科学有效的理论指导，也旨在通过在对部分案例的研究基础上，建立科学、高效的文献缩微的关键过程及领域的管理办法。

二、文献缩微质量管理创新的基本目标

文献缩微质量管理模式创新的基本目标是加强质量保证，加强质量保证主要体现在软件产品质量管理创新和硬件产品质量管理创新两方面。全面质量管理（TQM）由菲根堡姆在1961年最早提出，以产品质量为核心考量对象，以全员参与为方式，组织所有可控因素对产品质量进行实时高效质量控制的体系，满足客体需求最大化，进而达到长期有效控制质量的方法。全面质量管理包含产品质量管理，但不仅限于对产品质量的管控，除产品满意外，还应达到以下三个要求：第一，以客户需求为导向；第二，使用最小的投入获得最大的产出；第三，建立能够逐渐改善的管理体系。

从缩微摄制的角度来看，其投入包含人员、设备、耗材、管理等各方面，产出则主要以母片完成量为核定标准。换言之，耗材和废品的管理、设备的损耗与责任归属等都应纳入投入范畴。因此，在保证"客户需求"的基础上，使用最小的投入获得最大产出，既有利于文献保护事业发展，也有利于在较短的时间内完成更多的工作任务。

质量管理模式的创新，必须是基于"主体负责、载体先进、客体满意"这一最高原则的，所以其设计出的整套质量管理模式必须要具有"防微杜渐、动态发展、自我更新"的特征。该质量管理模式的应包含以下三点：

第一，在文献缩微工作计划的制定阶段，要达到专家水平，保证产品的文献价值与工艺水平成正相关，保证越珍贵、越经典

的文献其制作工艺水平越高、贮藏办法越严格、复制和利用的方法越便捷，防止因为数字资源的不确定性造成缩微品的永久性损失。文献缩微产品虽然主要功能在于长期保存，但是其本质属性仍然是利用价值。

文献不是文物，其核心价值在于其内容，在于其信息含量。只有在工作计划制定阶段修正过去粗放化的做法，才能在质量管理的实施效果（客体）方面，达到文献缩微质量管理质量保证的基础牢固。只有文献本身的价值被质量管理人员了解，才能使得质量管理成品的质量得到最基本的、最源头的保障。

第二，在文献缩微拍摄、冲洗、质检、编目、入库几个生产阶段的质量管理，要达到国内最先进水平。在质量管理产品的生产阶段，要在软硬件两方面下功夫：

在"软件"方面，制定新的质量管理办法、质量管理操作指南和质量管理激励机制。在规章制度上达到质量管理按照新的办法严格执行，绝对不能再有旧的规章制度和新制度两股并存的现象出现。在操作办法上，引导质量管理成员自觉按照新方法促进各自的职责的落实。在新办法和新指南形成的过程中，要充分发挥质量管理成员的主动性。并且，要形成管理办法有机调整的制度，每隔一段时间召集会议进行重审；同时，在生产过程中鼓励随时上报新问题、进行小整改。

在"硬件"方面，充分发挥现有设备、技术和材料的所有潜在能力，优化资源配置，加大科研攻关力度，争取达到质量管理逐步自动化的总目标。按照工艺流程，对现有全部设备和生产原材料进行评估，解决过去由于设备使用不合理或潜能发挥不突出造成的全部问题。增进和设备厂家、科研单位与原材料提供单位的上游合作，为文献缩微质量管理质量的提高提供更加有力的技术和设备保障。发挥现代信息技术的优势，设计和研发、使用质量管理自动化检测、评估软件或设备，逐渐减少质量管理流程中的机械劳动、重复性、高耗能、容易产生主观人员疲劳造成的问题的隐患。最终，经过现有设备升级、新设备研发、新手段应用的综合作用，逐步达到文献缩微质量管理的自动化，消除低端重复劳动、增加信息和科技含量、降低能耗，实现可持续发展、自我创新能力的生成。

第三，在人员培养和队伍编制上，开拓进取，争取早日形成一整套人员培训和队伍组成的新办法。

在质量管理的思想意识上，牢固树立现代质量管理观念，革除质量管理成员思想中不能与时俱进的落后观念和操作惯性。在质量管理从业者的产生上，建立从管理办法学习、管理手段操作、上下游配合、工作中发现问题和设计解决方案四步骤的人员培训办法。最终实现经过短期培训，质量管理人员在四方面都达标，即能够严格执行管理办法、能够熟练承担个人责任、能够很好完成环节配合、能够自觉提出问题，从而彻底扭转过去规章制度落实不到位、环节交流不畅、整改不够主动的现象。最终，通过质量管理培训，初步建成一支立足本职工作，达到现代质量管理标准的从业人员队伍。将这支队伍的人员组成、运作流程和自我不断完善的模式予以总结和推广，进而为有关文化行业质量管理的质量管理队伍建设，提出一个样板范式。

要达到涵盖上述新模式和新方法的总体远景，需要经过的建设步骤如下：

首先，经过一系列体制机制创新，淘汰不合理的制度和流程，建立新的管理办法和人员构成体制，逐步探索出在技术上能不断自我成熟、自我创新、自我涵化的新工作流程，并且提出对这种新体制的保障机制，尤其是奖惩制度，鼓励发明创造，鼓励产研结合。

其次，在技术上大规模创新，针对文献缩微质量管理的各个流程，特别是计划阶段、摄制冲洗阶段、入库贮藏阶段三者，鼓励质量管理成员发挥工作的积极性和主动性，设计和改良新的设备、技术和操作方法，并推广、综合和体系化。同时，积极在质量管理自动化上下功夫，调动信息软件技术、动态监控技术和远程咨询互动办法，向着文献缩微质量管理自动化这一终极目标迈进，争取尽量多地淘汰质量管理中的主观不确定因素。这一过程中，还要注意与市场结合，充分利用质量管理组织自身的资源优势和经费优势，与相关企业和专利持有人、研发团队深入合作，争取将新技术和新设备通过文献缩微推广到其他相关领域，为国家同类建设贡献创新成果，也为质量管理人员与合作单位实现经济双赢局面。

最后，要在人才建设与培训上，为文献缩微质量管理奠定永久性基础。要立足本单位的长期实践，要充分认识到所拍摄和贮藏的胶片大多承载了宝贵的文化遗产，是世界文明的重要组成部分。由于缩微品在长期保存上的巨大优势，使得缩微业者所从事的事业是一项为后人、为历史高度负责的伟大工程，功在千秋、利在当代。文献缩微质量管理不仅要对读者和利用者有益，更要对后来的管理者起到发凡起例的作用。管理者的熟练过程，是需要培训过程的。只有现在在思想上树立起与新体制、新技术相适应的逻辑，在技能上达到与新流程、新工艺相适应的操作水平，才能实现文献缩微质量管理的水平永不下降，并且长久稳定地进步和提高。

文献缩微质量管理新思路的要点有内部协同、技术革新和全程综合三方面。只有实现质量管理严格与国家标准契合，同时充分照顾到本质量管理的具体情况，才能使今后的一切质量问题有法可依、有章可循。只有在体制机制上形成适应现代社会主义文化产业市场新局面的人员编成模式和管理办法、责任方式、奖惩制度，才能在主体上为质量管理奠定最为具有优良主观能动性的基础。只有在方法设计方面针对文献缩微的固有特点，针对其每个流程，和质量管理主体客体的互动关系，应用现代质量管理的经典理论和经典方法，才能为文献缩微质量管理水平真正达到提高、消除过去的种种问题提供具有现实操作价值的工具。

第二节　文献缩微质量管理创新的主要途径

文献缩微工作的质量管理新模式，可以划分为硬件、软件和工作模式三个创新领域。硬件创新是指设备的信息化与研制，主要包括设备、工艺流程、相关的操作方法和技术标准等要素，经过分析可以发现：所有硬件领域的要素中，设备问题是相对比较好解决，困难是比较表面化的，需要调整设备和工艺流程即可实现；但是，其对整个新模式的影响却是巨大的。可以说，如果没有设备创新和工艺流程的创新，其他一切创新都谈不上，这是整个缩微质量管理再造工程中最为"卡脖子"的节点。软件创新更多在于质量管理软件的设计，使整个文献缩微工作的信息化水平大大抬升，进而保证了质量管理阶段的高起点和低重复性建设。

无论是硬件创新，还是软件创新，都离不开工作模式的创新。工作模式的创新，更多的是转变工作思路，充分利用市场要素调动资金、技术、人才等要素，提升文献缩微工作的整体工作水平。经过调研发现，部分文献缩微单位在利用科研、与外单位展开技术合作方面，已经在工作模式方面积累了很多很好的经验。今后要探索的是怎样将技术合作转化为全方位的市场合作，怎样实现更多优势资源的调动、怎样把更多的社会力量吸引到文献缩微质量管理的创新事业中来。

一、硬件创新

硬件创新目的是要利用设备革新的有利时机，充分发挥新技术的权威性，引导广大从业者适应信息化、自动化的文献缩微质量管理新方式。随着数字图书馆、数字档案馆等数字信息技术在国际、国内的飞速发展，数字信息已成为信息的主要存在形式之一，并以几何级数迅速扩张。与此同时，在黑客、计算机病毒和自然灾害等因素的威胁下，数字信息的安全问题也就显得尤为重要，数字信息长期保存已成为相关行业重点聚焦的课题。对此，各国开展了多种关于数字信息长期保存的研究与实践，数转模技术就是其中发展比较快，且具有较强实用性的关键技术。

数转模技术虽然是一项立足传统材料工艺产生的文化保护技术，但是归根到底它是数字化时代的产物。它不同于传统缩微，主要依靠从业者丰富的经验和各种主观因素来决定产量和产品质量。它在信息来源上，是数字化的，但在产品产出上，偏向于传统，这样就造成了文献缩微上游的数字化、信息化程度高，而下游与传统缩微趋近的态势。从理论上来说，传统技术终归是要让位于现代技术的。由于我国文化单位和相关企业尚未完全掌握文献缩微核心技术，无法实现设备的国产化，相关工作的开展严重依赖于进口设备，而进口设备对中文文献字符的转换缺乏质量控制标准，加之其售价昂贵、售后服务不及时，严重制约了我国境内数字文献保存保护工作的广泛开展。特别是相关的设备跟不上、相关的技术（操作办法）不更新、相关的人员没有设计新的质量管理办法，导致文献缩微的质量管理反而走的是传统缩微的老路。

为此，某文献缩微单位研发的中文字符数转模设备，就是此方面的一个典型的应对措施。该设备的研制开发和生产，将使中文字符数转模新技术的运用更符合国情，是数转模技术渗透推广的关键步骤。除了在图书馆界、档案界、情报界的应用外，还将可以在金融、卫生、制造企业、航空航天等运用大量电子信息的领域中推广和应用，数转模关键技术的突破都为更进一步的商业应用奠定了坚实的基础。该设备适用于将各种数字档案制作成普通缩微胶片，支持黑白、灰度、彩色三种形式和连续灰度输出，为用户提供多层次档案资料和彩色文件的胶片存储解决方案；在应用上更加贴近用户需求，采用16mm/35mm一体化设计，节约投资成本；设备无内置数据盘，保密性强。通过该设备的研制和测试过程，总体上达到了预定的设计目标，基本解决了以下两个在文献缩微应用中的关键问题：

首先是研制完成了文献缩微设备的彻底国产化,营造了对文献缩微国产化有利技术环境,解决了文献缩微硬件设备在设计、选型、加工、组装、测试等环节中出现的问题,为后续文献缩微设备的进一步开发积累了宝贵的经验;其次是解决了通过多次曝光解决了利用较低分辨率显示器达到较高胶片质量的难题。相比于国外的文献缩微设备,本质量管理计划研发的文献缩微设备在成本上远远低于国外同性能设备,成本降低幅度高于50%,这为设备需求单位大大降低了生产成本。文献缩微设备的研制,可以使国内的相关行业逐步摆脱由于过分依赖国际先进设备所带来的高成本压力,使得文献缩微技术的成本控制达到可接受的水平。

由此可见,硬件创新在提升设备效能、促进国产化水平发挥着至关重要的作用,不仅能够保证输出缩微胶片的质量更加符合工作实际,而且直接为质量管理减少大量的劳动支出。诸如此类的设计,将图纸转化为实际的工业制成品,实现科研成果的落地孵化,可以为后续工作模式的转变打下坚实的基础。

二、软件创新

现有设备的信息化改造和质量管理软件本身的创制,是"设备的信息化"的两大方面,二者在技术创新本身是有区别的,现有设备的信息化,是在"机械设备"的基础上实现"信息设备"的研制,是一个"从旧到新"的物理变化。而质量管理软件的设计,是一个"从无到有"的化学变化。将质量管理逐渐软件化是质量管理自动化和信息化的可预见的关键和核心。

软件创新要立足于现有设备产生的成品的质量,经过对其精确分析和统计,实现产品质量的优化,最大限度甚至百分之百地保证文献缩微产品毫无瑕疵。因此,从实际应用来看,文献缩微工作的软件创新可从网络办公系统和质量管理软件两方面分析。

（一）网络办公系统

目前，文献缩微工作一直沿用八十年代的技术流程，整体分为文献前期整理、文献拍摄、胶片冲洗、缩微品质检和拷贝收藏等环节，环节之间通过人为交接实现，各种单据皆为手工填写。这种落后的工作模式，已经不能满足对文献缩微工作的要求，严重影响了文献缩微工作的效率，主要体现在：

1. 文献清点与编目工作独立

文献清点和编目工作是文献前整理的主要组成部分。通常的做法是，文献整理人员对每本文献的内容进行详细清点，依原书信息填写摄制清单，清点文献页码情况，计算所需胶片的总拍数、总米数。之后，再根据摄制清单，对数据库中的文献进行编目。这种做法，不能利用文献在数据库中的基础信息，出现很多重复工作。同时，文献整理人员需要牢记各种文献清点与编目规则，因为个人习惯使得填写的摄制清单信息出现差别，比如：页码的标记方法、出版机构的认定，容易出现错误。

2. 纸质单据弊端过多

单据是文献缩微工作中的信息媒介，分为文献摄制清单、冲洗传票、补单三种类型。填写单据内容时，错误难以避免，出现严重的涂抹、划字、字迹不清等现象，不利于准确信息的甄别。单据在传递时，纸张容易破损、丢失、错乱，导致信息的遗漏。纸质单据自身也不便于保存收藏，查找时太过麻烦。

3. 产量统计依赖手工进行

工作人员对缩微工作产量的统计大多依赖手工进行。一般来说，首先根据摄制清单手动列出缩微文献的信息，包括片盘代号、书名、密度、拍数、备注等信息，核对无误后，打印标签，逐一贴到胶片盒上。这一过程大多依赖于手工，耗费时间，容易出现差错。

4.各个环节规定不能统一，出现偏差

整个文献缩微的过程，分为文献前期整理、文献拍摄、胶片冲洗、缩微品质检和拷贝收藏等环节，每个环节都有2-3名的工作人员。每个工作人员的工作习惯和工作理解不同，比如：页码清点、书页拍摄习惯等，会造成一定的偏差。

随着网络信息和自动化时代的迅猛发展，网络办公已经成为当今主流的工作模式，在国家机关事业单位、高校、企业等场所得到广泛应用。实现文献缩微工作的网络办公，可以有效解决传统工作流程带来的众多问题，加强对文献缩微质量的综合管控，优势明显。

就文献缩微工作而言，网络办公系统的关注点应该在以下三个方面：首先，了解网络办公的背景与实际案例；其次，对传统文献缩微工作各个流程进行需求汇总；最后，对各环节的需求进行整合、优化，做可行性分析。该系统的创新性主要体现在：

（1）将数据库与文献清单相关联，有效利用数据库系统里的文献信息

数据库里的信息，往往是文献最为基础的信息。将数据库与文献清单相关联，可以将数据库中的信息自动填充到清单相应的款项中，本着"依原书为准"的原则，根据书本的信息对清单里的条款进行补充和完善，并自动完成对数据库里的信息进行更新。

（2）借助网络的实时性和交互性，减少纸质单据流通，及时跟进文献缩微进度

将文献缩微工作涉及的各种单据实现页面自由定制，规则统一，尽量做到条款明确、便于手动录入，单据与对应的文献相关联，与各个工作环节相匹配。清点页码采用统一格式，工作人员只需依据文献的页码情况手动添加数字即可；胶片标版和著录标版可定制格式打印，无需手工调节。缩微完毕的文献以统一的形式，构成数据库，便于报表分析、进度查询。

（3）设立"学习模块"，以"模块嵌入式"研发

构建学习模块，将文献缩微工作的流程和各环节的工作须知以教学、示例的形式，供大家自主学习，了解整个缩微流程，学习各环节的技术要点。办公平台以"模块嵌入式"研发，便于功能的扩展与推广。在此基础上，针对不同科组日后根据实际情况进行平台开发，最后将所有平台集于一体，成为整个部门的网络办公平台。

（4）系统具有记忆功能

在缩微工作中，难免会遇到突发情况（比如系统故障、断电等），导致工作意外中断。因此，在工作人员重新登录到系统时，可以自动跳转到之前的工作界面，保证工作的连续性，最大程度降低网络系统的不稳定。

（二）质量管理软件

"质量管理软件"的研发成果，是可以直接用于质量管理的核心环节，也就是质检环节的。这种软件在理论上可以在修改参数的条件下，投入到文献缩微领域之外的任何质量管理工作中。因此，其产出比非常大，能够更加有效地调动市场参与方的积极性，对于利益分成、产品推广来说，具有很大的优势。在某种程度上，"质量管理软件"应该是更需要关注的一个信息化与市场化相结合的领域。

具体来说，"质量管理软件"的创新最终要达到三重目的：

第一是设计并使用"质量管理软件"，直接促进文献缩微质量管理工作的信息化，最终达到这项工作的智能化和准无人化，最大限度地减少重复劳动和人工体力消耗、误差。

第二是设计并推广关于"全流程质量管理"、"效能质量管理"的软件，具体来说，集中在文献缩微文献选取阶段的"价值判断软件"、文献缩微产品应用方面的"效益判断软件"，这既可以是软件，也可以是数据库等其他模式。这种"数据库"式的全流程

质量管理和效能管理模式，是未来追求的一个目标，后文将继续展开论述。

第三是培养一支属于文献缩微单位的，专业但不专职的"质量管理软件和数据库"人才队伍，为将来更好地自力更生、联合但是不依赖市场提供重要保障。缩微中心还要争取形成自己的软件库和数据库知识产权体系，让质量管理工作从一个简单的生产概念，逐步上升到一个本身就是"知识产权"的事物。这一目标是一项远景的规划，相比于上述两个目的是一个长时段的范畴。

最终，文献缩微的质量管理，将达到依靠软件在生产流程中达到同步化、信息化、自动化，并且具有预警、回溯和自我统计功能。可以相信，随着这项攻关的实现，文献缩微质量管理的新模式才能最终变成现实。科技的创新，最终还是要落实到科技产品上。文献缩微在上游的数字化性质，与现在下游的这种不正常的前数字化状态，是难以相容的，需要有一个根本的变革。

三、工作模式创新

文献缩微工作的工作模式创新是为了借助模式创新，进一步提升文献缩微的质量管理，主要体现两个方面：一是，就内在技术而言，缩微技术一体化，将纸本修复、纸本扫描和缩微加工进行整合，形成适用性不同的技术路线；二是，就宏观工作而言，缩微工作市场化，引进社会力量参与缩微资源建设，形成文献保存效益与社会经济效益双赢的工作模式。

（一）技术一体化

科学技术是经济发展和社会进步最具革命性的推动力。当今世界，互联网技术、人工智能、科技创新的发展异常迅猛，学科交叉融合加快，重大创新不断涌现，技术更新和成果转化的周期日益缩短。缩微文献资源建设手段必须着眼当今科技发展的需求，否则就会与当代科技发展水平和能力渐行渐远。

传统缩微与数字存档是当前缩微文献资源建设的两个技术手段，二者相辅相成，分别可以实现纸质文献与数字文献的缩微化转换。但是，传统缩微强调人工操作，数字存档过于依赖设备性能，二者都具有一定的局限性。因此，技术一体化主要体现在采用数字与缩微抢救并举的技术路线，建立集保存与服务于一体的全流程保存体系。

文献保护的方式主要分为纸本修复、纸本扫描和缩微加工三种。纸本修复需要较高的时间成本，效率低，一般用于珍贵古籍的纸本保存领域。纸本扫描主要借助扫描仪对纸本文献进行数字化扫描，得到具有一定精度的文献数字影像。从扫描方式来看，纸本扫描分为接触式和非接触式。接触式扫描效率高，但对纸本文献会有一定的损坏，非接触式扫描则恰恰与之相反。缩微加工是将纸本或数字资源上的文献信息，借助影像曝光技术，保存到缩微胶片上。缩微加工分为传统拍摄和数字存档，具有保存时间长、节省空间、便于还原、分辨率高、忠于原貌等优点，广泛应用于"中华古籍保护计划""革命文献与民国时期文献保护计划"中的文献保存。

目前，纸本扫描和缩微加工处于两个独立的环节，缺乏相互协调。针对海量的纸质文献，可以实行分技术路径保存，充分发挥纸本扫描和缩微加工的技术特点，优势互补。分技术路径是指根据纸本状况随着社会发展逐渐向好的特点，对早期的文献，根据其纸本状况不好、印刷不规范的特点，采用以传统缩微＋胶片数字化为主，以纸本扫描＋数字存档为辅的技术路线进行；对民国时期文献，应根据其纸张状况较好，且数量逐渐大幅增长的特点，采用以纸本扫描＋数字存档为主，以传统缩微＋胶片数字化为辅的技术路线进行。两种技术路线的融合，使纸本扫描和缩微加工两个独立的环节有效衔接，减少了数字资源的流通成本，提高了文献保护效率。

随着大量近代纸质文献体量的不断扩张，纸本扫描＋数字存档与传统缩微＋胶片数字化，这两条技术路线将并驾齐驱，相互取长补短，形成推进文献缩微事业的两个推手。以此为基础，站在文献长期保存与读者服务并存的高度，文献缩微工作可以在公共图书馆领域内建设纸质出版——数字扫描——深度揭示——数转模保存一体化的技术流程，搭建同时以长期保存与读者服务共同为目标的文献资源建设流程，这势必成为未来数字缩微工作的重要方向。

（二）缩微工作市场化

文献缩微工作的市场化趋势越发显现。我国图书馆系统的文献缩微工作由缩微中心负责组织协调，抢救成果于国家母片库进行长期保存。

在工作模式上存在的问题主要体现在：各个单位的重视程度不一样；缩微技术难以在社会层面普及；资源建设过度依赖财政，缺少自由度。这三个方面的情况，都将工作模式指向了文献缩微工作的市场化。

随着我国市场经济发展的不断深入，越来越多的企业、社会组织和公众有能力，也有愿望参与到中华传统典籍的保存保护战略中。如何通过多种途径宣传文献缩微工作的社会价值，展示文献缩微抢救和保存保护的工作成果，从而进一步扩大社会影响力和业界参与度。突破传统缩微合作模式的局限，积极探索新的合作方式，丰富合作途径，扩展合作范围，在技术突破革新、文献资源采集等方面充分发挥社会力量的作用。

缩微工作市场化，不仅仅要求与缩微相关的设备、耗材、人员市场化，更要求缩微面向的对象、加工业务和服务群体市场化。只有缩微技术与社会市场进行全方位的融合，市场化工作模式才会对文献缩微工作进行强有力的推动，进一步反作用于缩微工作，要求缩微工作进行更好的质量管理。

第三节 质量管理软件创新实例：
数转模流程控制系统

数转模技术是利用光学原理将数字信息保存到缩微胶片上的技术。作为缩微工作的发展方向和全新助推力量，目前已在全国多家公共图书馆开展使用。国家图书馆自2012年起，开始进行数转模的拍摄工作，已形成一定规模的工作成果。最初的数转模拍摄借鉴传统拍摄流程，结合数字化技术的特点形成了一套工作体系，但整个流程之中，由于大量应用软件和电子数据的使用，产生了多种格式的电子文件和纸质表单。由于格式的不同，使用中涉及各类转换问题，并不方便，还给存储和检索带来诸多难题。除此之外，加工环节中，文件和表单的产生依赖人为的操作，这便增加了数据丢失和产生错误的几率，从而造成拍摄过程中不可逆的错误，浪费胶片的同时影响拍摄效率。

一、通过数转模流程控制系统实现质量控制的方式

2016年，国家图书馆通过系统研发，设计出一套整合了数转模工作过程中使用的各类软件的系统——数转模流程控制系统。该系统依托数转模工作的整个流程，集合了文献数据的挂接和检索、数字图像的录入和输出、加工文件的生成和传递，实现了对全流程各个节点产生表单的规范化，也实现了加工环节中的实时监督与统计。

数转模工作的整个流程如图（图3-1和图3-2）所示：

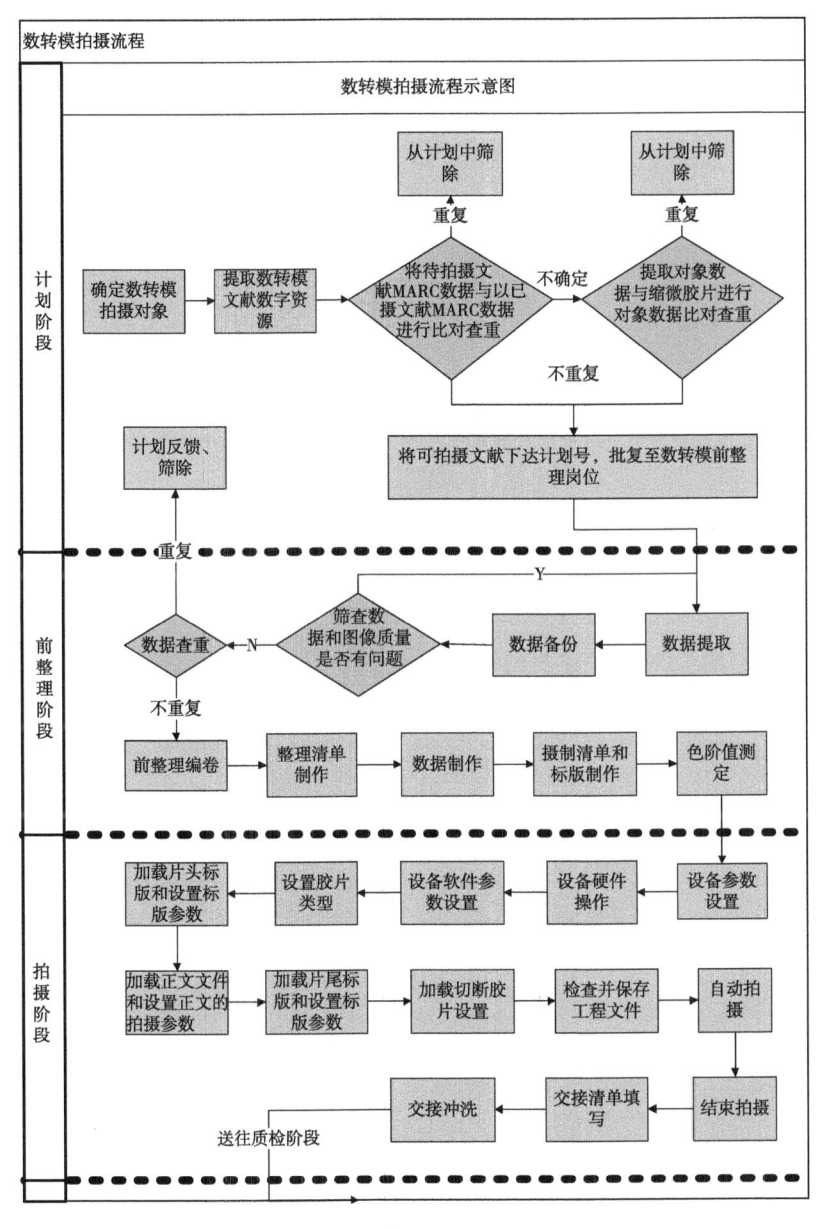

图 3-1

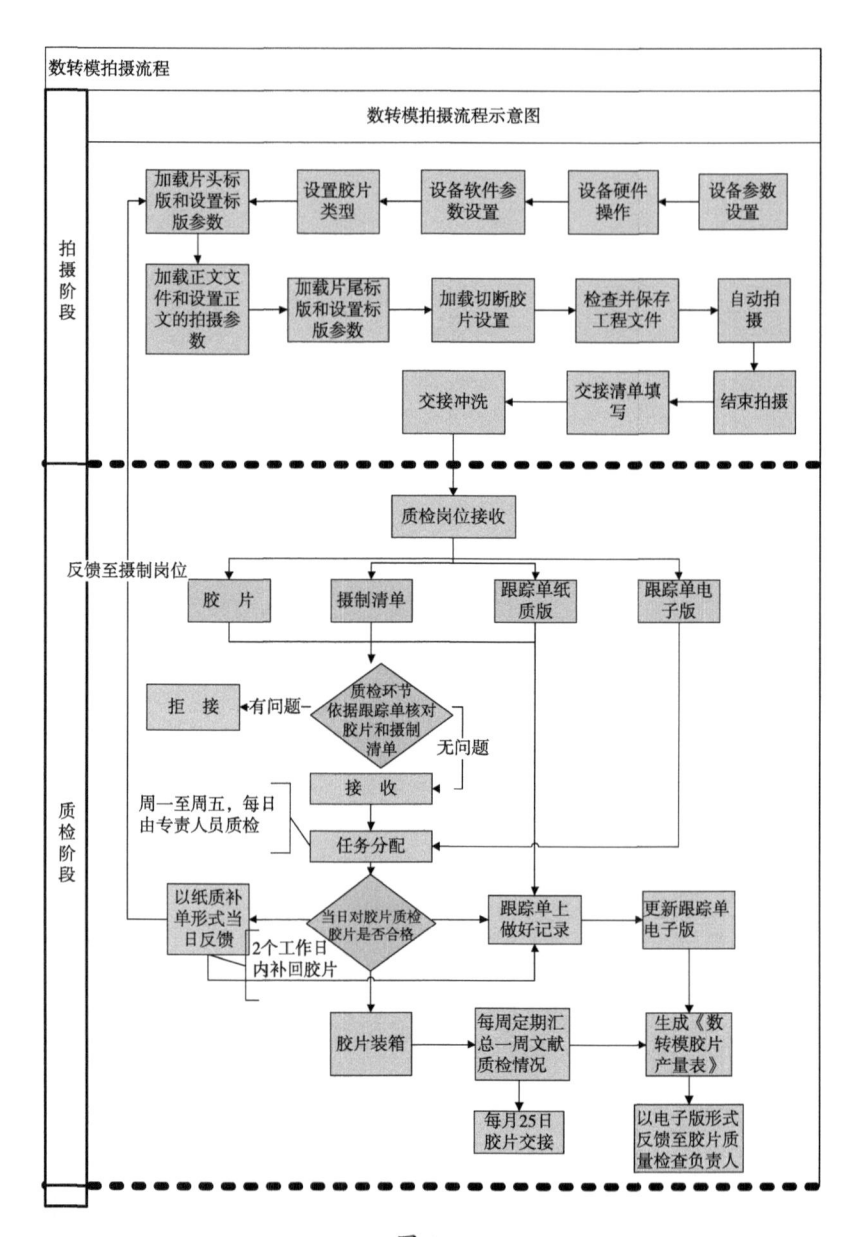

图 3-2

通过流程图可以看到，数转模工作需要经过计划、前整理、拍摄和质检四个阶段。期间，书目数据、对象数据（即电子图像）、交接过程中产生的表单以及最终拍摄的胶片都在各环节间进行流转。此前的数转模工作中，这些数据或表格的交接在保留纸质清单的同时增加了电子清单,但格式缺乏统一,数据依赖人工键入,也难以实现互相调用。

数转模流程控制系统以 SQL Server 服务器平台搭建,通过编制数据表格的形式,把馆藏缩微文献的数目数据进行导入存储,形成数据库。数据表格的每一列有唯一的列名,定义他的属性,该属性与我馆丹诚系统中的字段一一对应。例如,905a 字段代表列名为收藏单位(图像来源)、908b 字段代表列名为摄制单位。这样每一行构成一条文献数据,并拥有唯一的标识号。通过搭建这样的数据库,提供了数据的检索和比对能力,并且规范了数据输入与输出的格式,减少了错误的产生。

二、该系统在数转模流程控制中的具体应用

(一)数据查重

数据查重是数转模工作的第一个环节,在从数据提供部门拿到图像数据后,首先要对照书目数据进行查重。利用数转模流程控制系统进行查重,只需将待拍摄文献数据与数据库中数据对照几个关键字段便可筛除掉重复拍摄的文献,保留没有重复的文献,并生成计划号,输出的这部分数据形成计划清单。随后通过系统,可以将生成的计划清单传递至下一个环节的账号中,以备前整理使用。

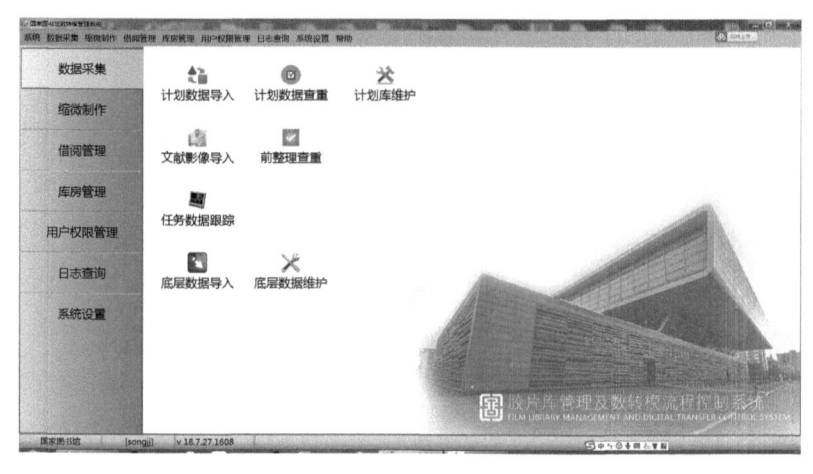

图 3-3 数转模流程控制系统数据采集功能界面图

（二）拍摄前整理

前整理环节作为拍摄前的准备环节，将生成前整理清单、摄制清单和摄制标板，是确保拍摄顺利高效的重要部分。传统的前整理手段需要接受大量的书目数据和对象数据（数字图像），并进行繁琐的机械化数据整理。数转模流程控制系统通过数据库的建立，生成了统一的前整理清单、摄制清单和摄制标板的模版，而且数据库中的数据因与丹诚数据中的字段相关联，可以一一对应，既减少了前整理人员的工作任务同时提高了准确率。文献的组卷也是前整理环节的重要工作，这便依赖数转模流程控制系统的另一项特性。除了书目数据的集成外，该系统还提供了对象数据（压缩级图像）上传存储的功能，并通过唯一标识号与书目数据相关联。借此，前整理人员可以通过系统轻易地了解图像的质量和数量，对文献进行编组卷，如果图像存在质量问题，可以在系统中进行反馈，由计划人员将该种文献从计划中剔除。接下来，生成的前整理清单、拍摄清单和摄制标板将通过系统下达到拍摄人员等待拍摄使用。

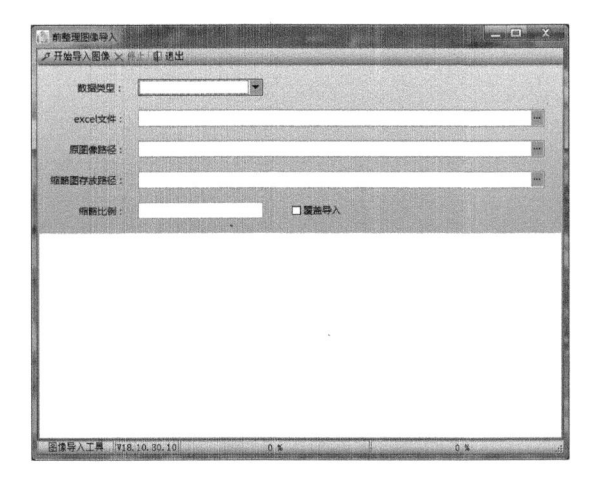

图 3-4　数转模流程控制系统中前整理数据导入功能界面图

（三）测值与拍摄

拍摄人员在取得上述表格和数据后，首先要对拍摄对象数据（电子图像）进行 RGB 测值。通过数转模流程控制系统，拍摄人员可以对上传的压缩图像进行提取和反相测值操作，减少了对原始对象数据的使用，避免了可能造成的数据损失。随后，拍摄人员可以按照前整理清单和摄制清单的记录情况编制拍摄工程文件。由于每一拍图像在系统中都有压缩级相对应，所以如若在编制过程中发现原始图像与清单有不符的情况，那么可以在系统中进行追溯，并对出现问题的文献进行重新整理。

（四）质检和入库

拍摄冲洗后的胶片在进入库房前要经过质检环节的检验，传统的质检工作通常以纸质清单进行反馈，期间可能存在漏检、反馈不及时等问题。利用数转模流程控制系统，质检人员可以利用电子表单查询胶片状态，质检结束后生成电子表单实时对检查结果进行反馈，并且可以通过定向发送的功能提醒相关拍摄人员进行补拍，大大提高了质检和补拍的效率。质检合格后的胶片数据将被录入系统,后期的编目和库房管理人员可以借此开展相应环节的工作,也方便了后期提卷时的文献检索。

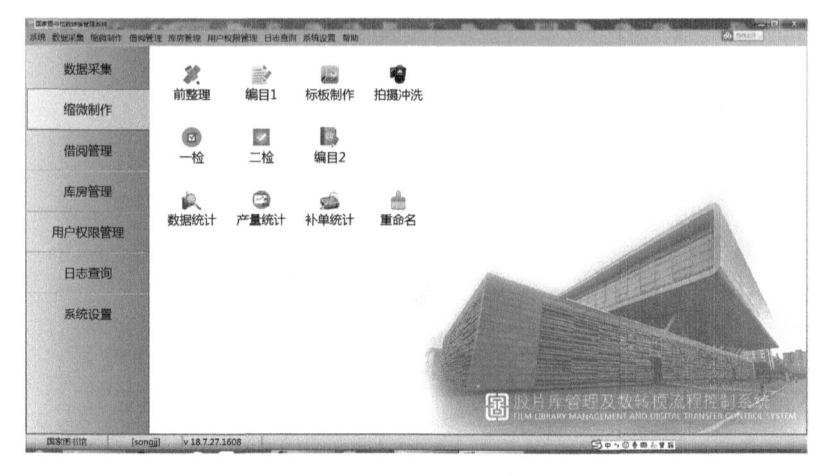

图 3-5 数转模流程控制系统中缩微制作功能界面图

（五）流程监控和工作量统计

整个数转模工作涉及多个科组的分工与合作。在传统的工作方式中,人员沟通成本较高,工作进度难以把控,产量统计依赖人为的核算。数转模流程控制系统提供了拍摄进度的实时监控,可以轻松掌握某一文献所处的工作环节,并且利用数据表单进行产量统计,快捷准确,提高了整个流程的运转效率。

数转模流程控制系统的搭建,规范和简化了数转模工作的整个流程,提高了工作效率,完善了管理机制,为数转模工作的进一步开发和推广提供了基础。

三、文献缩微工作要创设人才培养新模式

通过揭示数转模流程控制系统,可以发现质量管理的信息化是一项复杂的工程。从质量管理质量管理的 PDCA 保证体系来说,信息化也是其根本目标。文献缩微质量管理过程严格执行的

PDCA 的循环工作方法是将设备革新、工艺流程革新、人员编组革新、综合质量管理、信息化等诸多要素融合在一起的，是一个有机的链条，是一套循环往复又滚滚向前的传动系统。

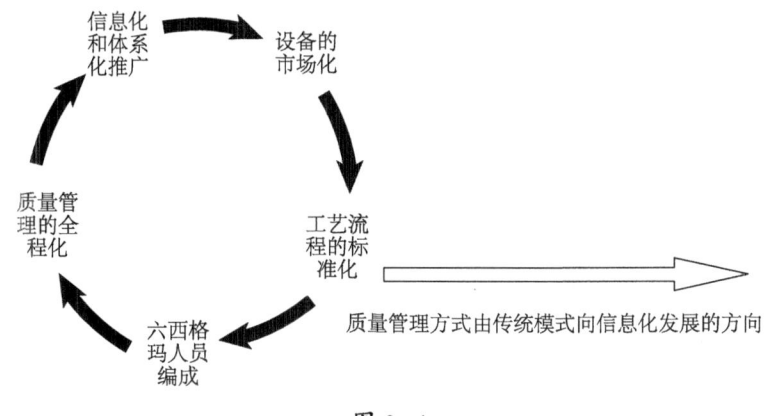

图 3-6

在这个传动装置上，信息化能够起到关键的循环轴心功能。设备革新催生新的工艺，新的工艺要求人员构成的新调整，人员的新培训使得质量管理的全程化和综合化成为可能，最终使得信息化和体系化自发生成，进而又开始推动设备的新一轮、彻底的信息化革新。

由于信息化是一项复杂的工程，需要依赖质量管理全体人员的努力，需要质量管理全体人员自身的脱胎换骨。没有人员编组的合理化，没有人员素质的全面提升，信息化是不可能产生的，因为信息化不同于设备采购，能从市场直接获得帮助。信息化只能依赖本行业熟练人员自身的探索和思考，而本行业从业者如果自身没有经过新的培训，没有脱胎换骨地用信息化的质量管理的科学来更换自己的旧思维，那么信息化的目标则很难顺利实现。

人才队伍建设是信息化的唯一来源，计划中的人才队伍建设的具体要点如下：

（一）以"六西格玛化"为目标，以绿带的尽快形成为要点，提升现在质量管理人员乃至全员的科技素质，特别是现代质量管理学素质；

（二）特别突出下文将要论述的"黑带"的培养，走引进和培养相结合的路子，尽快从绿带中发现和培养出"黑带"，特别是优先培养出技术工程师和采购负责人；

（三）将人才培养和市场合作紧密结合，把信息化的实现引向市场，充分发挥合作企业的优势，引导合作企业的创新。争取将信息化的工程软件成果与上文论述的设备研发深度融合，实现新设备的信息化，从源头上避免"二次创新"，并注意在设计论证阶段就将信息化成果尽快转化为多领域成果，使之能开拓出不限于缩微的广大市场，并用其收益和技术的再积累反哺缩微质量管理的信息化，最终实现良性循环模式。

与信息化人才培养相呼应的是一种能兼顾信息化和市场化的"人才团队"，这是人才培养的更深层次的目标。

下文将分析一种基于六西格玛和卓越绩效理论构建出的新的文献缩微人才培养和人才使用模式，这种模式是充分考虑人才的构成方式、生长模式和刺激保障等多种因素后形成的一种预设计。人才培养的着眼点是信息化，目的是专家化，而最终的效果应该是形成一个配合有序的队伍，一种团队性的合力。

具体来说，将在信息化质量管理人才队伍的建设中坚持双轨制，首先，大力地培养出属于文献缩微单位自己的信息化技术队伍，也就是专业的软件工程师、"信息设备"工程师和产品推广工程师；另一方面，需要专门培训出适应市场、了解市场、开拓市场的公关人员，这是进行市场采购、市场合作和后期产品推广的关键。这两部分人员都是人才，都是下文将要论述的"六西格玛"体系中的黑带范畴。怎样将这两类人员形成合力，则是"黑带大师"的任务。

第四章　文献缩微质量管理培训体系

　　人才培养问题是目前制约文献缩微质量管理进一步深入的关键问题。要锻造出一支具有高度信息化、市场化素质的专业队伍，要形成一种锐不可当的创新团队文化，要达到"专家化"的人才培养目的，就不能在现有的模式下逡巡不前。必须利用质量管理学科的重要理论与方法，改造既有的人才培养与使用模式，这其中最为核心的两大利器，就是六西格玛和卓越绩效。

　　软件方面的创新，又直接影响了体系化和信息化的实现。可以说，如果人员在编组、素质等方面没有飞跃，信息化是一纸空文，体系化也是绝对的伪命题。只有人员的素质提升了，编组合理了，才有条件发现信息化的捷径和突破口，也只有人员的活力被解放后，设备、工艺等才能形成体系。

　　本章将主要应用六西格玛和需求分析理论，将人员的素质培训和激励机制作为主要的质量管理创新领域。同时，对"全流程质量管理"与"效能质量管理"问题展开初步分析，这一问题是本书追求质量管理的综合化和全程化的落脚点，也是培训体系创新的重要素质来源和素质生成目标。

第一节　培训体系的理论基础

一、六西格玛理论的应用

六西格玛质量标准的核心要素就在于精益求精四字。六西格玛以顾客为中心，追求成本的降低和风险的规避。这些都是和文献缩微事业立足读者、现代化模式减少人工重复劳动、减少人工主观失误等目标完全一致的。因此，六西格玛理论和方法完全可以作为改进文献缩微事业的指导方法之一。目前实现质量的提升、成本的降低，最根本的是在于管理方式的现代化和管理观念的现代化。其关键还是在"人"。如果说观念的现代化，需要有一个主观的时间积累的话，那么方式的现代化，则可以按照人员的编组模式尽快调整。这就是六西格玛理论和方法对本质量管理计划的最大指导意义之所在。

为了达到 6σ，首先要制定标准，在管理中随时跟踪考核操作与标准的偏差，不断改进，最终达到 6σ。现已形成一套使每个环节不断改进的简单的流程模式：界定、测量、分析、改进、控制。它们的含义分别是：

界定：确定需要改进的目标及其进度，企业高层领导就是确定企业的策略目标，中层营运目标可能是提高制造部门的生产量，质量管理层的目标可能是减少次品和提高效率。界定前，需要辨析并绘制出流程。

测量：以灵活有效的衡量标准测量和权衡现存的系统与数据，了解现有质量水平。

分析：利用统计学工具对整个系统进行分析，找到影响质量的少数几个关键因素。

改进：运用质量管理和其他管理工具，针对关键因素确立最佳改进方案。

控制：监控新的系统流程，采取措施以维持改进的结果，以期整个流程充分发挥功效。

为达到六西格玛的质量性能，需要一组专门的质量改进方法和统计工具。将这些方法和工具交给一小群称为六西格玛黑带的人，他们全职负责定义、测量、分析、改进和控制过程质量。黑带领导跨职能的员工团队（每个人称为六西格玛绿带）来实现过程质量的突破。六西格玛精英团队确保质量改进，质量管理的重点放在对公司长期的成长和成功影响最大过程上，通过清除组织中遇到的障碍来促进改进流程。

文献缩微质量管理的组织结构，按照六西格玛管理组织结构的经典范式，改进人员编成的关键，就在于黑带大师和黑带二者的确立。黑带大师的角色被赋予了质量管理团队组长，也是质量管理团队全体观念纠正的带头人。质量管理团队直接负责质量管理，也保证了质量管理真正从几个专人负责的简单质检，演变成了真正的全员参与、全程控制，而更关键的在于黑带的设计。为了保证文献缩微的质量管理真正达到六西格玛标准，必须在顶层设计中，特别突出各个黑带的合理布局和互相配合。出于上文指出的文献缩微质量管理从硬件、软件协同突破，创造新模式的考虑。黑带的布局也突出了对技术、设备、效能各个方面创新的人员的配置。

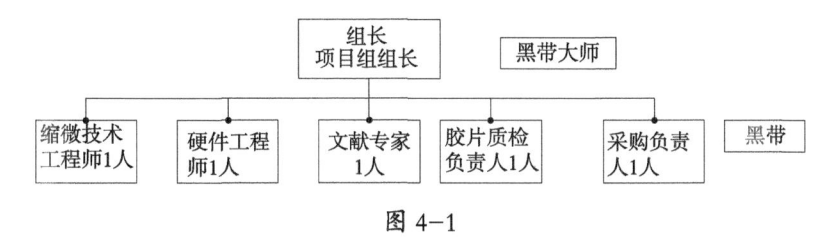

图 4-1

上述五个黑带是质量管理的中坚力量，硬件工程师担负着设备革新的任务；文献专家担负着效能质量管理的任务；技术工程师担负着信息化和体系化的统筹任务；质检负责人是负责检验创新的一把标尺，一切创新出的新技术、新方法最终都要通过他落实到具体层面；采购负责人是将来进行市场化推广的必不可少的人才，是质量管理管理最终产生经济效益、得到社会认可的关键。上述五人是进行质量管理的标本式的配置。以此为基础和样板，文献缩微质量管理队伍将逐步脱离过去的不完善形态，为新模式的人员板块打下坚实基础。这样，黑带大师的任务很重，需要掌握的知识很多。如果说，文献缩微质量管理能不能成功达到新境界，主要在黑带们组成的"班子"的话，那么这里面的关键的关键，就是黑带大师这一个"人"的合格与否、是否具有自我不断进步的能力和素质。

参照上文的质量管理保证体系，文献缩微的质量管理人员编成，也是今后文献缩微质量管理队伍的一个缩影。未来的质量管理队伍，要高度专业化，但是不能专一化。专业化指的是质量管理人员经过综合性培训之后，按照个人意愿和自身情况，对自己负责的工艺流程和全局有通盘的把握能力，也就是一专多能。

质量管理的观念要深入人心，不能总是将质量管理与传统质检划等号。因此，文献缩微的主要负责人本身要担负起质量管理的责任，是人员任命的决策者、个人素质的发现者、个人优势的培植者、队伍构成的编程者、奖惩机制的制定者。

按照工艺步骤，计划、拍摄、冲洗三大主要环节的负责人，要各有侧重地在不同方面完成自己的质量管理任务。而且，要对前一个流程和后一个流程都负责。如果计划负责人在文献质量的选取上不过关，拍摄环节的负责人有责任指出。冲洗环节的负责人应该注意的某些常态性的问题，拍摄环节的负责人也应该提前与之沟通。

总之，过去的质量管理队伍是这样的模式：

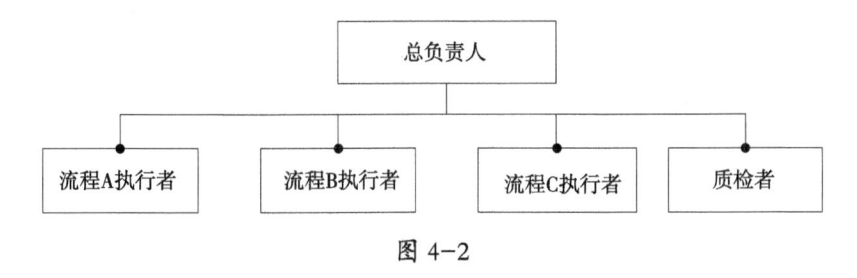

```
                        总负责人
         ┌──────────┬──────────┼──────────┬──────────┐
    流程A执行者  流程B执行者  流程C执行者    质检者
```

图 4-2

要达到的队伍调整后的模式是这样的：

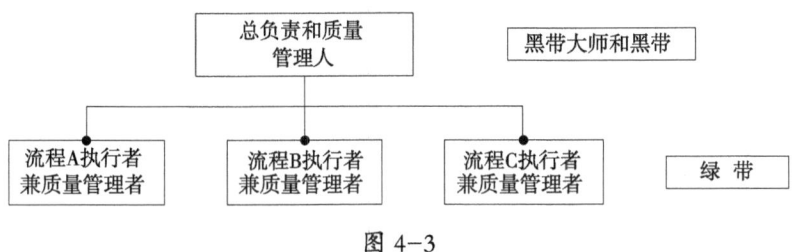

```
              总负责和质量
                管理人                    黑带大师和黑带
    ┌──────────┼──────────┐
 流程A执行者  流程B执行者  流程C执行者
 兼质量管理者 兼质量管理者 兼质量管理者        绿  带
```

图 4-3

最终，要让质量管理变成人人负责的事情，还要加强各个流程负责人之间的双向联系。为了保证这些的实现，光靠规章制度不行，必须建立相应的奖惩机制。

新的 ABC 们，是新的绿带，这些绿带的任务是在上文所述的黑带们的带领下，实现质量管理从单纯质检到综合－全程管理的质的飞跃。培训在过去的缺乏，是造成质量管理模式长期落后的重要原因。新的六西格玛式的团队，需要有不断充实的培训模式。

二、卓越绩效理论的应用

文献缩微质量管理的新模式，必须有广大质量管理成员的自觉参与和高度热情，才能成为现实。没有人的"创新"，那么设计出来的新技术没有执行者，也没有力量实现信息化。自动化的质量管理不是要贬低人在这方面的价值，恰恰是要人自觉地不断提升工作中的自动化和信息化水平，才能保证人的才智更多地迸发出来，更多地成为技术进步成果的倍增器，而且，人在低端重复劳动领域的解放，必将影响到高端的创造性劳动中的产出，这也是下文将要论述的效能板块的创新的基本前提。没有人在体力劳动领域的解放，就不可能迸发出真正的社会效益，就没有条件保证经济效益之外的智力支出。

新的质量管理人员，必须熟悉设备、技术和操作方法，能够落实自己的责任，完成上下游的配合，并能主动在工作中提出问题、会商解决，因此需要有一个培训过程的，这项培训工作不是临时的，而是会成为新模式的一部分。

过去，质量管理人员是领导指派、老同志传帮带，在工作中逐渐适应并胜任岗位的。这一模式在人员流动加速的今天，是不适宜的，也是不符合管理科学和人力资源科学的。培训并不是临时的、因人而异的、可有可无的，它将是新模式的一个环节，而且是从新技术－新设备到人的最重要的一个环节。

每确定一名质量管理人员，实际就是确定一名在计划、拍摄和冲洗中能胜任全部角色的复合人才。该人员不仅能在相关操作中高度熟练，还要在文献的选择上也具有一定的专业素养。因此，培训的流程由以下四个步骤构成：

第一，进行文献缩微技术的介绍和缩微文献的介绍，使受培训者能掌握文献缩微技术、文献缩微内涵和前景、文献学的基础知识；

第二，进行设备操作和技术执行训练，使培训者能适应在自动化环境下的某一个或某几个工作岗位，能在计划、摄制、冲洗的环节中完成质量管理工作；

第三，培训该人员的协同工作能力，不仅能胜任全流程工作，还要在某一流程上比较专精，能很好地完成上下游的衔接；

第四，培养随时修正工作中出现偏差的能力，要鼓励受培训者随时对设备、技术和各项事宜提出自己的看法，并引导其自觉攻关、解决工作中的困难，并大胆地推广自己的技术革新成果。

上述的培训的四个阶段，分别对应了六西格玛的三个层次的培训：

> 文献阶段:全员参与 → 技术阶段:绿带培训 → 协同阶段:黑带培训

图 4-4

经过这样的培训，不仅是黑带对绿带的单向灌输，更为绿带成长为黑带、为质检队伍的扩大和长期的人才繁荣，提供了基础的制度保障。更为重要的一点是，第一个阶段的培训，直接为设想中的"效能质量管理"打下基础。要力图在培训的初始阶段就为"全程质量管理"和"综合质量管理"夯实基础。

应用六西格玛理论设计出的质量管理队伍，最重要的一个任务是培训。没有培训，就没有黑带的成长，就没有绿带的产生。对绿带和黑带的培训，既有不同也有相同。其中对绿带的培训，主要是为了提供信息化的"头脑风暴"，而对黑带的培训，则是为了最终达到信息化和体系化的飞跃。再者就是要有奖惩机制的保证。卓越绩效是通过综合的组织绩效管理方法，使组织和个人得到进步和发展，提高组织的整体绩效和能力，为顾客和其它相关方创造价值，并使组织持续获得成功。定义中所指的"综合的组织绩效管理方法"就是卓越绩效模式，也称为卓越绩效评价准则。奖惩机制的建立，必须以奖励"卓越绩效"、确立"卓越绩效"为目标。只有如此，六西格玛团队，才能始终保持旺盛的自我更新、自我进步的能力。

质量管理需要全体质量管理参与人的倾力配合和积极参与。在研发设备、应用技术、确立人员编成模式之后，必须建立有效、严格的奖惩制度，确保质量管理新模式顶层设计的权威，有力推进质量管理的创新和发展。

根据文献缩微工作近年来的发展实践，可将奖惩机制细化为三个方面，使之互相配合，发挥综合作用，既不单纯依靠物质奖励，也不单纯使用批评惩罚。

首先，建立质量管理追责机制。这是保证所有质量管理者时刻坚守本职岗位，照顾上下游流程的主要监督形式。机制不仅对本流程负责人在质量管理中主观失误进行严肃处理，还要处理所有不作为的、对上下游联动采取漠不关心态度的主观错误。

第二，要建立质量管理技术进步激励机制。奖惩制度的意义不仅仅是为了刺激人的积极性或者打击人的消极性，更重要的是促进事业本身的进步。激励机制的含义，就是要鼓励大家在生产流程中对质量管理及相关问题提出合理化建议，并且根据大家自己解决问题的实际能力，给予激励和嘉奖。具体的方式就是调整到更加具有整体性、创造性的岗位，或者予以提升，这是不基于行政级别的，纯粹技术上的激励机制。

最后，在薪酬设计上，给予主观失职者和主动贡献人以收入的扣除或者奖励。在市场经济条件下，必要的货币刺激和物质奖励是保证人的积极性和主动性的不可或缺的手段。虽然主要任务是促进技术的进步和事业的发展，但是对这一必要板块，也不能视而不见。总之，物质奖励是基础、惩罚措施是手段，二者都是激励机制的辅弼。

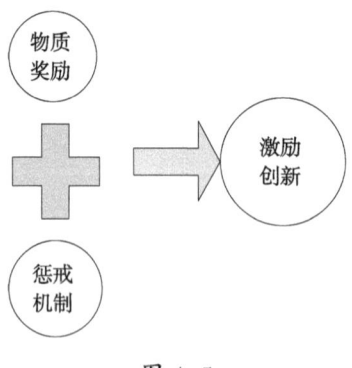

图 4-5

最后需要指出的是，奖惩机制以及上文论述的新的人员编成体系，都不是单纯自上而下的命令。在制定和设计的环节中，需要质量管理的全体成员予以确认，这是一个自下而上、充分发挥民主的过程，也只有这样的产生方式，才能保证日后的工作能有随时修正的可能，不会产生抵触情绪和为照顾到的合理利益。

落实标准 精益求精 ＋ 绿带黑带 自我培训 ＝ 卓越绩效

图 4-6

总之，引入"卓越绩效"理论后，要特别注意完成"激励创新机制"的标准化和条文化，将按照这样的有章可循、有案可查的模式，保证"卓越绩效"不是一时的刺激措施，而是转变成一种明确公开化的事物，"卓越绩效"的评价标准就在那里，能不能获得之，就在于每一个质量管理执行者能不能落实"标准"，能不能在六西格玛团队中，完成好"绿带"的任务，能不能自我成长为"黑带"。

第二节　文献缩微人才培训的需求分析

本节内容通过对文献缩微人才培训情况的现状梳理，以培训体系理论和培训需求分析理论为指导，通过运用组织分析、任务分析和人员分析三种方法，以缩微数转模工作为例，总结出对文献缩微培训需求分析的一般研究范式。通过基于对文献缩微培训需求的分析研究，可以进一步推动文献缩微培训体系的长足发展。

由于文献缩微技术的专业性较强，相关岗位从业者的培训培养方式与一般图书馆员的人才培训培养方式存在诸多区别。随着信息革命和数字化技术的迅猛发展，缩微技术也面临着深刻变革。

与此对应，缩微技术人才的培训与培养正是缩微事业在当今得以快速、健康、可持续发展的基本要求与关键控制要素。

21世纪以来，随着技术环境的不断变化，缩微技术面临着诸多新的机遇和挑战，文献缩微事业也在力求实现自身的转型发展。创新的事业呼唤创新的人才，文献缩微事业的发展离不开人才队伍的建设。近年来，随着文献缩微事业保障能力的进一步提高，人才队伍培养形式逐渐多样化，业界示范作用得到了大幅提升。目前，全国从事图书馆文献缩微从业人员近200人，其中国家图书馆在缩微文献的咨询提供、缩微品加工、数转模加工、缩微器材维护以及缩微品文献出版开发等方面在全国居于领先位置，缩微人才储备较为充足。

"十三五"时期，文献缩微人力资源建设聚焦于高端人才的培养，主要围绕缩微胶片的长期保存、缩微胶片的便携式阅读以及数转模设备自主研发等重点领域，不断推动中青年业务骨干开展业务研究与学术研究，逐步培养出了一批在行业内具有一定影响力的高端人才，有效发挥出了科研和人才对业务工作的促进作用，尤其在具有原创性和自主知识产权的科研成果转化方面取得了一定成绩。缩微中心根据全国各家开展文献缩微事业相关单位的发展特点与具体需求，开展常规性的传统缩微及数字缩微技术培训，以期达到加强各单位的技术交流、研究和管理人才培养的目标。

一、需求分析相关理论

培训体系是指单位实施培训的组织机构、职责、方法、程序、过程和资源等诸多要素构成的整体，其作用在于通过针对性的系统培训和方法、工具等知识的学习实践，不断提升员工的能力和水平，进而提升单位的技术水平，最终提升核心竞争力。完整的培训体系由培训课程体系、讲师管理体系、培训效果评估和培训管理体系四部分构成。英国学者博伊代尔（Boydell）对培训体系的运行模式进行研究后认为，培训体系应该注重系统整体的科学性、完整性和流动性，并构建了四个步骤模型，分别是评价培训需求、计划和设计培训、实施培训和评价培训效果。

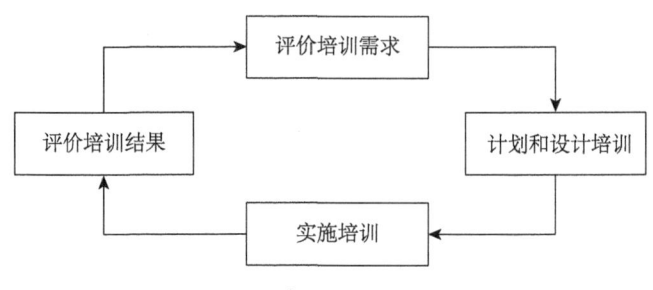

图 4-7　博伊代尔培训模型

该模型中的四个步骤通过相互作用、相互影响，形成连续性的循环结构，为培训效果的持续提升提供了有效通道。随着现代企事业治理理论的发展，很多企事业单位以提升核心竞争力为目标，将培训系统化建设作为人力资源管理的一项重要工作。然而，在培训实践中，组织部门往往容易忽视培训体系运行模式中四个步骤的相互关系。培训需求分析往往被包含入计划和设计培训环节，无法充分发挥其应有的作用。

培训需求分析是培训体系建设中极为重要的组成部分，其工作目标是精准把握培训需求，建立以需求为导向的培训工作生成模式，其工作关注点涵盖培训的目的、目标、内容、组织形式和方法等多个方面。美国学者汤姆·W·戈特（Tom.W.Goad）将理想状态与现实状态之间的差距称之为缺口，并认为培训需求分析的本质是寻找缺口的过程。培训需求可以用公式来进行表示，即：

培训需求 = 要求具备的能力—现已具备的能力

20 世纪 80 年代，I.L. 戈德斯坦（I.L.Goldstein）与 E.P. 布雷弗曼（E.P.Braverman），H. 戈德斯坦（H.Goldstein）三人经过长期的研究将培训需求分析系统化，构建出戈德斯坦模型（简称为 OTP 模式），该模型将培训需求分析分为三个部分，即组织分析

（Organization）、任务分析（Task）和人员分析（Person）。

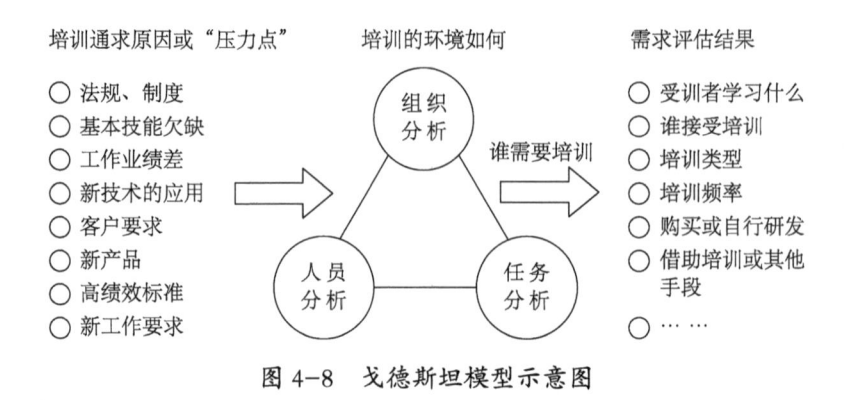

培训通求原因或"压力点"
○ 法规、制度
○ 基本技能欠缺
○ 工作业绩差
○ 新技术的应用
○ 客户要求
○ 新产品
○ 高绩效标准
○ 新工作要求

培训的环境如何
组织分析
人员分析 任务分析
谁需要培训

需求评估结果
○ 受训者学习什么
○ 谁接受培训
○ 培训类型
○ 培训频率
○ 购买或自行研发
○ 借助培训或其他手段
○ ……

图 4-8　戈德斯坦模型示意图

二、文献缩微人才培训需求分析实例

"培训什么"和"如何培训"始终是文献缩微人才培训工作的两个重要命题。文献缩微人才培训工作往往通过培训计划的制定来明确未来一段时间的培训形式与内容，而培训计划的实际制定过程并没有完全按照博伊代尔培训模型来进行。评价培训需求环节通常被计划和设计培训环节所涵盖，该环节中的具体工具与方法也没有被充分利用以发挥其应有作用，而培训内容也多由广泛征集培训意见来确定，并未经过科学化的需求分析与研究。

今后，文献缩微人才培训的需求分析应充分参考戈德斯坦模型，综合分析缩微行业组织、任务、人员三个层面的相关因素，以期达到精准定位培训内容的目的。鉴于培训需求分析要充分考虑企事业单位所处发展现状、技术环境、人员结构以及具体工作项目情况等多重因素，因此本篇仅以缩微中心为例，介绍三类培训需求分析的具体过程与方法，以期达到以小见大、推而广之的效果。

（一）组织分析

培训需求组织层面的分析需要将组织的长期目标和发展趋势作为整体来进行考察，并对影响组织目标的各类因素进行整理分析。文献缩微人才培训的组织需求分析主要由人力资源分析、工作效率分析两个方面构成。

人力资源分析的目的是要将组织目标转换为对人力资源的需求，通过对人力资源的分析找到影响事业发展的短板，并形成培训需求。2000年后，信息技术的快速发展对传统缩微技术形成了极大的冲击，缩微技术只有与计算机、文献数字化等相关技术紧密结合起来，才能更好地实现自我价值，这是未来缩微技术的发展方向，也是缩微事业发展的必然趋势。对于缩微从业者而言，需要适应在传统缩微的文献整理、加工和利用等业务环节正在发生的深刻变化，需要获得新技术、新理念来推动文献缩微工作向新的目标迈进，而这些技术与理论，正是培训组织需求分析中的关键。

效率指标分析关注于组织的效率状态，如工作产能、产品质量、设备利用状况等，其工作本质是通过对工作效率的评估来得到相应的培训需求。为了响应技术进步与服务升级对缩微技术带来的需求变化，现阶段文献缩微工作所涉及的工作内容已不仅仅限定于文献抢救层面的载体转换与保存，而是将缩微文献数字化服务、文献深层次开发、数字资源缩微化长期保存、缩微技术创新、缩微工作宣传与推广等内容都纳入文献缩微工作的常规工作。组织效率指标不仅要包括产品生产效率指标，还要将非生产性的相关指标，如服务能力、科研能力、宣传范围等内容涵盖在内。就现阶段的文献缩微工作而言，技术成熟、流程稳定，传统摄制项目的工作效率较高，而效率较低的情况往往出现在新技术的应用与新项目的启动过程中，这也正是培训组织需求分析中需要注意的关键。

（二）任务分析

与关注全局培训需求的组织分析不同，任务分析旨在对工作细节层面进行分析，针对具体任务寻找薄弱点，并形成培训需求。根据绩效指标分析结果，新技术在应用过程中容易出现效率低下的情况，从而形成了潜在的培训需求。基于此种理论，以文献缩微工作中的新兴技术——数转模技术的应用为例做进一步分析，以期通过对任务需求的分析，进而得出培训需求。

根据培训需求的一般理论，任务分析可按照工作分析、确定绩效标准、任职资格、培训效果预估、培训需求排序等流程进行。结合文献缩微的数转模工作实际，将上述流程分为五个步骤具体运用实践：1.工作分析，从国家标准和任务要求角度出发，对数转模各工序进行分解，形成全面认知；2.确定绩效标准，在工作分析的基础上分解任务，形成各工序的绩效标准；3.明确任职资格，按照知识、技术、能力、其他素质等四类指标，梳理各岗位员工应具备的任职资格，这是任务分析中的重要一步，形成的各岗位任职资格表将作为衡量是否需要开展岗位培训的标尺；4.培训效果预估，以上述任职资格为基础，对照现有人员具备的能力与任职资格之间的差距，结合各方面基础条件与培训强度等因素，从而能够对培训效果进行预估；5.培训需求排序，将各工序任务完成情况与绩效标准进行对比，找出存在问题的环节，进而对相关问题环节进行分析，并从任职资格表中找到对应的资格指标，以此作为数转模岗位培训需求的排序依据。

数转模岗位任职资格表

知识	系统掌握数转模拍摄技术原理，掌握基础的图书情报专业知识，了解胶片影像曝光技术，熟悉缩微拍摄流程规范。
技术	具备扎实的数转模拍摄技术，能够基于影像曝光曲线调节影像密度，具备较强的图像处理技术。

续表

能力	具备扎实的数转模加工能力和较高的计算机应用能力，具备基础的数转模设备故障的排查和解决能力，能够熟练使用PhotoShop软件。
其他素质或要求	拥有本科及以上学历，严格依据规范使用、保存和交接电子资源，具有良好的职业道德和敬业精神，具有严格的保密意识。

（三）人员分析

以数转模工作为例，组织分析的目的在于能够明确数转模培训的环境，任务分析的目的在于能够明确数转模培训的内容，而经过人员分析则能够明确数转模培训的主体，即"谁需要培训"。根据文献缩微数转模培训需求实际，人员分析应分为知识、技术、能力三个方面。

根据数转模工作实际，培训递进和人才培养应按照"知识—技术—能力"的顺序依次开展。首先，人员一般需要先进行知识培训，了解并掌握数转模原理、图书情报和缩微标准规范方面的知识；其次，通过实际操作培训，掌握具体专业的数转模、影像和图像处理等技术层面的内容；最后，在知识与技术培训之后，需要专门开展技巧性较强的计算机软件使用与数转模设备驾驭能力培训。在具体工作实际中，培训需求的人员分析要求可能存在较大差异。举例来说，在完成技术与能力层面的培训后，可能由于工作项目要求的具体变化而调整有关标准与参数，从而需要对相对基础的知识培训进行回溯。同理，在知识与能力层面达标后，因某些计算机专项技术或图像技术的发展变化，也需要在技术层面进行反复培训。

总体来说，人员分析是组织分析与任务分析的最终落脚点，因为培训需求分析经过上述三种方法过程后，培训需求最终需要集中落实到对某一类人的具体要求中。从培训需求分析进而发展到培训设计与计划，最终实施培训与评价培训效果，这一整个流程中的核心载体也都是针对于参训者而言，即根据人的具体情况来进行量化与细化。

第三节　培训体系的最终效果

一、效能质量管理

培训体系的创新，主要在于人员培训方式的创新，这也是本节将要予以关注的问题。效能质量管理，恰恰是实现质量管理建设的基石，因此产生出的崭新的六西格玛团队，将成为信息化和体系化的来源。

文献缩微质量管理的新模式，依赖培训和技术的协同创新。从实质上来说，就是通过人员中黑带的产生，实现信息化，并最终通过信息化带动整个体系的更新和优化。

根据现有局面，我们必须看到，文献缩微的质量管理必须走技术的信息化和设备的自动化道路。在现有技术和设备的基础上，必须设计出质量管理、质量检验的程序和软件，才能最大限度地去除质量管理方面的主观色彩，最大程度地减少人为错误的产生。

在技术和设备信息化、自动化的同时，必须实现人员管理方面的新模式。依照设备和产品的要求，实现人的工作内容的创新。质量管理人员绝对不能再按照旧模式各管一段，不能再像现在这样机械地进行质量检验工作。要充分发挥奖惩机制的效力，从而激发出人员的主观能动性，实现管理者主动地适应新的管理模式和管理技术设备，并且形成良性的自我更新局面。

文献缩微品归根到底是一项文化工程。表面上看起来是有些枯燥的质量管理工作，实际上关乎我国数千年文明成果的保护和利用。目前的质量管理工作局限在产品的质检和贮藏的稳妥方面，对缩微品的利用没有提出太明确的要求。质量管理新模式必须具有社会效益和社会功能，如果不能保证缩微品本身的信息价值，而只关注胶片本身的技术参数；如果不能实现广大从业者在缩微品信息价值上的专业化，而局限在传统的流程-质检模式下，那么会造成缩微质量管理长期滞后于社会需求，距离公众越来越远。没有社会效益和源源不断地利用需求的文化产品，不是成功的文化产品。这样的文化产品，长期自我封闭、束之高阁，最终会对行业造成巨大的不利影响。

因此，相比于前端和中端的创新，末端的创新表面上看起来实际操作性不那么强，而且办法看上去比较空洞。然而，效能质量管理的创新，却是最为迫切和亟需的。如果培训体系和技术设备的创新还有一定基础，那么这方面则是实实在在的白手起家。然而如果没有末端的创新，那么广大从业者实际不知道自己从事的质量管理工作有何价值，又如何激发起主观能动性？产品没有社会影响，那么技术革新和设备更替怎么可能得到企业和研发人员的重视？一句话，末端的创新，是人员思维和技术市场化的基础。没有"效能质量管理"上的从无到有，人员还是旧思维，市场和科技也不会自发地为需求者提供新技术和新动能。

总之，信息化和体系化是前文所揭示出的最难解决的创新点，而效能质量管理恰恰是相对比较好解决的一方面。然而，二者对文献缩微创新局面的形成，又恰好各居影响力的首尾两端。信息化和体系化最难解决，但是一直是文献缩微的长期命题，已经不是创新中具有决定成败的关键之处，因为其综合性、总体性，必然如此。效能质量管理，则因为是白纸一张，更具有突破的可能，因此突破的难度较小、束缚很少，然而最具有决定成败的意义。文献缩微在某种程度上距离社会公众越来越远的不利局面下，能不能一举扭转这种颓势，关键就在于能不能实现质量管理的效能化和效能的质量管理。

信息化和体系化，正是孕育于效能质量管理的实现中的。没有效能质量管理，就没有培训中的绿带的全面素质的实现；没有绿带和黑带突破专一技术，向效能方面的专业化的形成，就没有信息化生成的动力源；没有信息化，也就没有体系化。这就是软硬件创新、质量管理的全程化与综合化、质量管理的信息化和体系化三套语言的契合点。

上文对文献缩微质量管理新模式中的黑带大师、黑带、绿带做出了基础分析，本书要达到的人才培养模式和最终目标，却不仅仅基于此。预想的人才培养模式，最终的目标是形成一支信息化和市场化相融合的专业团队，而不仅仅是一支单纯的技术队伍。

经典的六西格玛理论，对于质量管理队伍的技术飞跃有很大的促进作用，具有重要的指导意义。然而，它归根结底有着立足于企业内部的狭隘性。文献缩微事业，是一项关于国家文化安全和文化进步的重大事业，并不仅仅是一项单纯的企业性质的工作。上述的黑带大师、黑带、绿带怎样在团队中找到位置，怎样在"综合质量管理"和"效能质量管理"方面发挥作用，需要立足六西格玛体系，给出更加完善和具体的预设。

首先，计划形成一种人才培养模式：也就是从绿带、到黑带再到黑带大师的过程，上文已述。但是，在质量管理人才培养的过程中，也将培养其他方面，如技术研发、软件开发、市场公关等方面的人才，这些人才必将逐渐影响或参与到质量管理的过程中来。最终要实现的是一种多个领域的黑带、黑带大师共同发挥作用的团队效益。

其次，最终实现的是一种"质量管理人人参与、人人负责"的状态，因此，这与下文将要论述的"综合质量管理"和"效能质量管理"不谋而合。许多看似与质量管理流程和具体工作相距较远的员工，实际上也将通过六西格玛的培训体系，逐渐成长为实质上的质量管理人员。因为，产品生产前的文献专家、产品生产后的效能调查员，实际上将来都是全流程质量管理的重要节点。也就是说，质量管理有其自身的黑带队伍和黑带生长机制，而其他黑带实际上将被纳入质量管理队伍。这是下一节将要进一步论述的内容。

人才体系创新，主要在于人员的培训和激励机制。技术创新，主要在于设备的更新和工艺流程的标准化。全程质量管理和效能质量管理，恰恰是实现质量管理软件建设的基石，这二者的同义语就是体系化，因此产生出的崭新的六西格玛团队，将成为信息化和体系化的来源。"全程质量管理"侧重的是从文献缩微缩微工作的一开始就为产品质量负责。由于传统上的人才构成模式，长期以来是将质量管理单纯地看成一个产品质量概念，而忽略了缩微品承载的文化价值。"全程质量管理"强调了缩微品生产前、生产中、生产后三个环节的质量管理，其中最为突出的是生产前的质量管理的"预阶段"，也就是上文论述的"文献专家黑带"的职责所在。"效能质量管理"则更突出地强调了生产后的质量管理"跟踪阶段"，要对文献缩微产品的质量负责，更要对文献缩微产品的社会效益负责。如果文献缩微产品生产出来之后，社会效益很低，没有对文化的传承与保护产生应有的贡献，那即使产品本身的质量管理再过硬，这也是失败的事物。这说明"预阶段"的质量管理不达标，造成了接下来的具体生产阶段的人力和物力的浪费。

质量管理的综合化和效能化二者，就是这样有趣的衔接起来的。没有前端的质量管理，就没有文献价值的判断，因此文献缩微缩微品就不会有效能。没有末端的追加质量管理跟进，就不会有对"预阶段"的检验，就不知道前端管理是否成功，就不能对今后的前端管理作出正确的经验总结。

二、综合质量管理

文献缩微质量管理新模式的技术革新，归根到底就是将原有的生产阶段和质检阶段两个步骤合并。由于文献缩微胶片制作成本高、耗时长，如果不能将质量管理环节很好地随机、随时紧密融合到产品生产环节，必然会降低效率，那将对整个质量管理计划形成严重冲击。

为了防止出现返工和人员重复劳动的现象，应采用扁平化的新流程模式，这种新模式相比于原有操作流程，最突出的一个特点是实现了质量管理的实时化和同步化。过去缩微品产品生产和缩微品产品质检，是两个环节，互相之间联系仅仅是上下游链条而已，操作方式呆板、机械、僵硬。现在，将质量管理的理论和方法应用到质量规划中来，实现了线式模型向复合模型的转化，实现了质量管理计划执行过程中质量追溯和质量保证的同步化，有力避免了重复劳动，节省了整整一支专门队伍的人力成本。

文献缩微质量管理计划质量管理的新模式，依赖三大板块的协同创新。具体来说，就是技术板块的信息化，人员板块的制度化和效能板块的专家化。

根据现有局面，文献缩微的质量管理必须走技术的信息化和设备的自动化道路。在现有技术和设备的基础上，必须设计出质量管理、质量检验的程序和软件，才能最大限度地减轻质量管理方面的主观色彩，最大程度地减少人为错误的产生。

在技术和设备信息化、自动化的同时，必须实现人员管理方面的新模式。摈除落后、低效的人员管理办法，依照设备和产品的要求，实现人的工作内容的创新。质量管理人员绝对不能再按照旧模式各管一段，不能再像现在这样机械地进行质量检验工作。要充分发挥奖惩机制的效力，从而激发出人员的主观能动性，实现管理者主动地适应新的管理模式和管理技术设备，并且形成良性的自我更新局面。

文献缩微质量管理计划质量管理新模式的技术板块，是此次创新和改良的重中之重，是最主要的可量化、可物化的环节。技术板块的创新，主要依赖技术创新、设备创新和操作办法创新三种办法，三者的关系是环环相扣的。

图 4-9

具体到文献缩微的质量管理，设备创新是基础、技术创新是关键、操作创新是目的。

设备创新，必须依赖广大一线从业者的长期努力，是一项复杂的实体进步，在文献缩微领域，设备创新只能在现有拍摄-冲洗设备的基础上，进行相关的机械零部件调整，主要依靠市场进行新设备研发。这一点将在下文介绍，尤其是其市场化导向。

技术创新，指的是在现有设备基础上，发现过去流程中的不合理现象，在不改变设备硬件的基础上，进行操作技术上的革新。这一点在文献缩微质量管理环节非常重要，因为既有的技术，基本是质量管理计划执行和质量管理计划脱节的。需要专门安排人员进行重复性劳动，造成了时间的浪费。怎样利用现有设备，在胶片拍摄和冲洗的过程中进行质量管理，是一个重大的创新点，也是一个劳动革新、技术革新的关键之处。

操作革新，归根到底是实现质量管理的信息化和自动化。设备和技术上的革新，没有也不可能完全实现质量管理去除主观色彩，而且人工成本单纯依靠设备和技术革新，实际上只是量上的进步，并没有质上的飞跃。最终期望达到的是利用信息技术，发明质量管理的新软件和新程序，实现质量管理环节的智能化。

文献缩微质量管理的全程化和综合化，最集中地体现在"效能质量管理"的实现上。可以发现，表面上这一目标可能很好实现，即通过前文所说的全员培训的第一阶段即可，但是，其决定了缩微质量管理最终能不能达到创新效果，毕竟，缩微品的社会功效是否能被大众熟悉，才是衡量产品"质量"的试金石。这是最为复杂、深刻、间接、隐晦的一个创新层面，它不同于设备革新那样客观实际，也不同于人员培训那样真实可见，是一项幕后的系统工程。

上文已经提到，文献缩微目前主要关注的对象是事关中华民族传统文化保护的珍贵文献，因此文献选取即拍摄工作的计划阶段，必须加强质量管理工作，这正是原有质量管理的一个薄弱环节。过去的质量管理主要关注了生产流程，也就是整个文献缩微事业的中端。但是对于前端和末端，重视明显不够。

以往被忽视的主要原因是没有专业的知识储备，这个问题已经在设计文献缩微质量管理保证基础时予以注意，质量管理计划组负责质量管理的队伍中，文献专家一职，就是针对此的初步设想。未来，还将通过上文所说的培训、人员编组、奖惩机制三方面入手，鼓励和引导广大职工自觉地提高自己的文献选取能力和质疑思考能力，最终达到主动思考、主动规划的层面，使得文献选取和拍摄计划在前期阶段的质量大大提高，并且成为常态，保证日后产品质量不流于空泛，也保障了缩微品真正的利用价值意即末端的质量。

必须注意以下五个方面对质量管理工作的意义：第一，紧密结合实际，制定并实施具有地区特色的文献缩微建设规划；第二，确定不同地区文献缩微建设工作重点，提出工作规划和目标；第三，制定支持和保障缩微文献建设的投入办法，着力解决影响和制约缩微文献抢救工作的突出问题，力争取得有全国示范意义的经验和理论研究成果；第四，着力做好缩微文献建设工作，大力提高资源建设能力；第五，拓展资源抢救范围，加强特色资源建设，提高资源的建设、保存和服务能力。

如果说生产流程的质量管理是主体，计划阶段的质量管理是关键，那么产品社会效益的质量管理则是最终的成果。以往的文献缩微质量管理计划，重视的是中端的质检，对前端的文献本身的质量管理比较忽视。对于末端的社会效益的质量，更是一个长期被束之高阁的问题。

在文献的利用层面，目前虽然已经拓展出了一定局面，但是前期的预设计非常欠缺。必须规划文献缩微质量管理计划社会效益的质量管理。文献缩微质量管理计划本身及其产品、队伍，究竟在社会发展中提供的促进作用的"质量"如何？这种"质量"如何管理？这种"质量"如何提高？这些都是不能回避的问题，而目前几乎是一片空白。

针对这种局面，可以提出以下的衡量这种"质量"的一些基本标准：

（一）缩微文献结构合理，有突出的馆藏特色，能最大限度地满足用户需求；

（二）依托缩微馆藏开展多样化的资源服务，积极拓展服务渠道，提高资源利用率，重视服务效果和反馈；

（三）积极参与公共文化建设，宣传、推广文献缩微工作和理念，取得显著成效；

（四）积极探索，创新缩微建设、存藏和服务的模式和手段，在本区域内乃至全国产生较大影响，具有典型示范和推广价值；

（五）探索多种介质共同服务的方式，提升缩微阅读设施的高效便捷、优化数字资源服务界面、加强优质资源的整理出版，全面提升图书馆的文献保障水平和信息服务能力。

只有在终端的质量管理不再是一片空白，中端和前端的质量管理工作才能更有意义和价值，广大从业者才能真正认识到自身工作的深刻意义，进而激发出更多的主观能动性，产生更多的创新和贡献。

前端创新：计划阶段文献质量管理的专家化水准

中端创新：硬件和软件的质量管理新模式

末端创新：产品的社会效益的质量管理

图 4-10

这种互相推进、循环往复的发展模式，就是质量管理计划组质量管理的全面创新模式。通过这种协同的设计，最终在前端、中端、末端都形成了完整的质量管理思路，使质量管理彻底脱离了传统的产品质检的狭隘含义。

下编 文献缩微质量管理实例
——以文献开发质量管理为例

第五章　A 图书馆的缩微文献开发质量管理及其存在的问题

本章以 A 图书馆的文献开发工作作为研究对象,对缩微开发工作中涉及到本书所研究的质量管理体系进行分析,通过问卷调查的方法,收集统计读者、院校机构以及出版业界对于缩微文献开发成果的意见,并通过对所调研数据的分析,找出现有机制中所存在的问题与原因。

第一节　A 图书馆的基本情况

一、A 图书馆缩微技术背景简介

缩微文献,系指用缩微照相方式,将原始文献在感光材料上复制而成的高倍率复制文献,包括缩微胶卷和缩微平片等,其具有真实反映文件原貌、可靠性、法律效力、寿命超过 500 年、成品规范、便利管理、节省存放空间等优势。在美国、德国、加拿大、瑞典等国,缩微品的法律效力得到完全承认,在英国、日本、意大利等国,缩微品的法律效力被有条件承认。在我国,根据《中华人民共和国档案法实施办法》第二十一条规定:各级各类档案馆提供社会利用的档案,应当逐步实现以微缩品代替原件。档案微缩品和其他复制形式的档案载有档案收藏单位法定代表人的签名或者印章标记的，具有与档案原件同等的效力。如今，缩微品在部分文献类型采选时也已成为各图书馆保存本的优选品。

早在20世纪30年代，美国就利用缩微技术拍摄图籍文献。1938年，美国向中国提供了一套缩微摄影设备，该设备最初设置安装于北京协和医院，用于拍摄了医学类善本书。1943年，美国国会图书馆将国立北平图书馆为避免战祸而运到美国的善本图书进行了缩微拍摄，并将3套胶片分送至国立中央图书馆、国立中央研究院和国立北平图书馆。1948年，中国从美国进口了相关缩微摄影设备，该套设备在新中国成立后，开始有规模地复制珍贵文献。然而，在这一时期，缩微技术在中国并未如欧美一样普及。随着时间的推移，加之保存技术的落后，国内各文献收藏机构的珍本文献的毁损日益严重，保存状况十分堪忧，而缩微技术也在此时逐渐地被运用于文献保护事业。

A图书馆成立于20世纪早期，自80年代以来，制定文献缩微规划，组织并协调古旧文献等其他需要长期保存文献的抢救工作成为其工作职责之一。一直以来，该馆对抢救珍贵历史遗产，弘扬中华文化发挥了重要的作用和影响。经过几十年来的不断努力，A图书馆在缩微文献抢救工作领域取得了举世瞩目的成绩，使图书馆界在应用缩微技术的整体水平上有了很大的提高。自上世纪80年代起，为了保护原始文献，提升已缩微抢救资源的利用率，A图书馆开始对所藏缩微文献进行再生型开发，出品了一批具有较高学术价值的影印书文献，并联合全国多家公共图书馆，利用各图书馆已抢救拍摄的缩微胶卷，编纂并影印出版三百多种图书，包含了名家手稿本、外国所刻印的中国文献、以及未刊的重要抄校本和珍稀刻本等珍稀资料。这些已经过整理的文献汇编凭借其资料性强、文献价值高，受到了海内外学术界、图书馆界的好评。A图书馆所影印出版的资料涉及内容多、范围广，取得了丰硕的文献开发成果，既弥补了学术出版方面的缺憾，也推动了图书馆的馆藏建设，这些文献资料对研究工作而言，具有极为宝贵的参考价值。

二、A图书馆文献缩微工作机构组织结构

A图书馆下设文献缩微工作机构，现共有缩微工作人员100人，其中文献开发人员19人，主要由项目管理、文献编目、文献编辑、拍摄制作、外联发行五个部门组成，采取矩阵式的组织结构，纵向为按照工作职能所划分的专业部门，而横向是根据所规划的产品和项目进行划分；当组织开发项目时，即从各个部门中选调开发人员，组成开发项目团队，由管理部门下的项目经理负责团队的整合与管理。在A图书馆文献缩微机构的组织中，任何一名员工，既要接受纵向业务团队的工作安排，也要对项目团队的工作任务负责，同时接受横向与纵向方面的双重领导（见图5-1）。

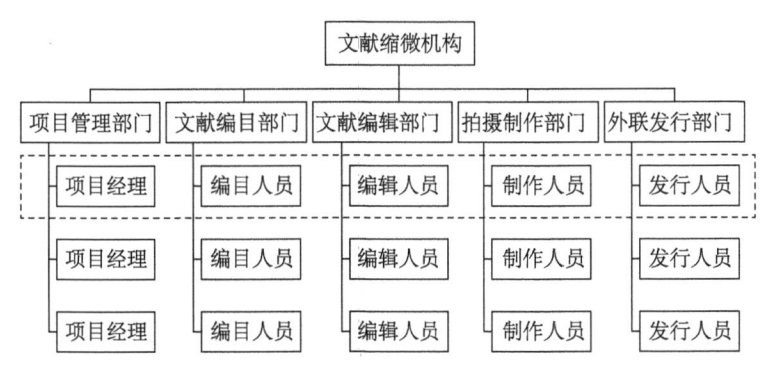

图5-1 A图书馆缩微工作机构组织结构图

第二节　缩微文献开发项目特点分析

一、缩微文献开发项目的特性

文献开发的含义，指的是以产品或劳动形式向用户提供和传播文献开发的各种文献开发劳动，具体包括文献开发的传播、开发咨询、技术培训和文献提供等多项服务。在过往的三十年中，其定义也在不断地充实和完善。早在80年代，文献开发所针对的对象一般是古籍和出借率不高的文献，所涉及的内容也仅是系统搜集、科学整理。如今，文献开发已成为图书馆事业的一项重要功能，其内容几乎覆盖了图书馆各个业务领域。

文献开发是基于文献本身，并对其进行知识转化以及创新的过程，而这一过程本身所面临的用户群体并不固定，而用户需求也相差径庭，所以使得这一工作本身具有一定的特殊性，其特点如下：

针对性。用户需求是制定文献开发工作计划的落脚点。对于文献开发项目而言，由于市场创新、文献特色等因素的要求，决定了文献开发工作并不具有可重复性，所以，文献开发项目目标的制定只能来源于用户。只有协助用户明确开发目标，并有针对性地对用户需求进行达成满足，才能够充分实现文献开发成果与用户间的无缝对接。

时效性。文献开发的成果只有在特定的时间环境内才能对用户发挥其最大的效能，故而在文献开发的过程中，只有及时地了解用户需求以及反馈，在项目制作的过程，不断地与用户沟通协商，及时跟踪用户的需求反馈，以用户为导向，随时对项目计划进行不断调整，并在实践中完善项目内容，才能够有效地实现既定的质量目标。

创新性。文献开发是基于文献本身的一种再生型创新。文献开发者在保证文献底本及相关数据质量的基础上，对原始文献进行价值升华。文献编辑人员通过对数据的分析，对文献进行比较、筛选、提炼以及在内容上的二次排列组合，保证项目内容的系统性和有序性，并在创新程度上满足用户及市场的需求。

效益性。效益是衡量产品、评价组织的一个重要尺度。效益评价是文献开发工作的主要前提，在投入成本后，其产出应合理地反映文献开发工作的价值与效益。另外，只有保证了文献开发的内容质量，才能够更好地实现文献本身的社会效益与经济效益。

灵活性。随着文献开发工作在全行业内的发展，其服务模式不再是一成不变的，如网络数据库、数字文献等多种形式，在文献内容上也存在多层次开发的情况，而开发环境也从以文献保藏机构为单位的开发，转向多个文献保藏机构的资源共享，从而使得市场环境更加复杂多变，竞争程度也变得更加剧烈，这就使得文献开发的外部要求变得越来越随机。在这种环境下，没有任何一家文献开发机构仍然具备不可动摇的市场占有力，这就要求文献开发单位必须重视市场需求，不断调整自身的组织形式、运营模式和服务内容。只有增加文献开发项目的多样性、灵活性，才能不断增强自身的竞争力。

二、缩微文献开发的工作内容

文献开发的项目总流程共分为五个阶段：

第一，论证阶段。根据外联部门所收集的用户信息，管理部门与编辑、外联部门进行会商，对项目及其内容的可行性进行分析论证。在编辑部门完成方案设计后，由管理部门召集编目部门、外联部门、拍摄部门进行讨论，对各个环节进行梳理，完成项目评估。

第二，策划阶段。编辑部门与外联部门共同制定项目论证信息与方案规划，定位用户需求。编辑部门根据用户需求，结合编目部门提供的编目信息，对MARC数据进行整理，确定项目规模。外联部门根据项目规模，与用户拟定合同，确定项目总价款及预算。

第三，设计阶段。编辑部门完成文宣策划及文献整理，确定文献目录，并对目录中所涉及的文献缩微胶片的质量进行核对。

第四，制作阶段。拍摄制作部门根据目录及缩微胶片，制作数字底本，项目管理部门根据合同内容对项目实施进度管理、文献管理及质量管理，并组织编辑部门、外联部门对数字底本进行验收，形成文献开发成果。

第五，交接阶段。由外联部门对文献开发成果进行制版，并将排版验收情况进行反馈。如文献开发成果样例验收合格，则对合同进行据实核算，付梓印刷厂出版；如制版方提出整改意见，则根据需要调整或完善的部分，由管理部门分配相关修订工作，将流程回归至相应阶段，并对开发成果进行调整或完善，直至文献开发成果达到出版标准。

项目管理部门为项目工作推进的主体，项目策划、设计、制作、交接等内容，分别由文献编目部门、文献编辑部门、拍摄制作部门、外联发行部门按照各自所属的业务范围来完成。A图书馆已有的项目组织管理模式为矩阵式管理，其中质量工作责任为项目经理部，单位项目的质量管理流程，如下图所示：

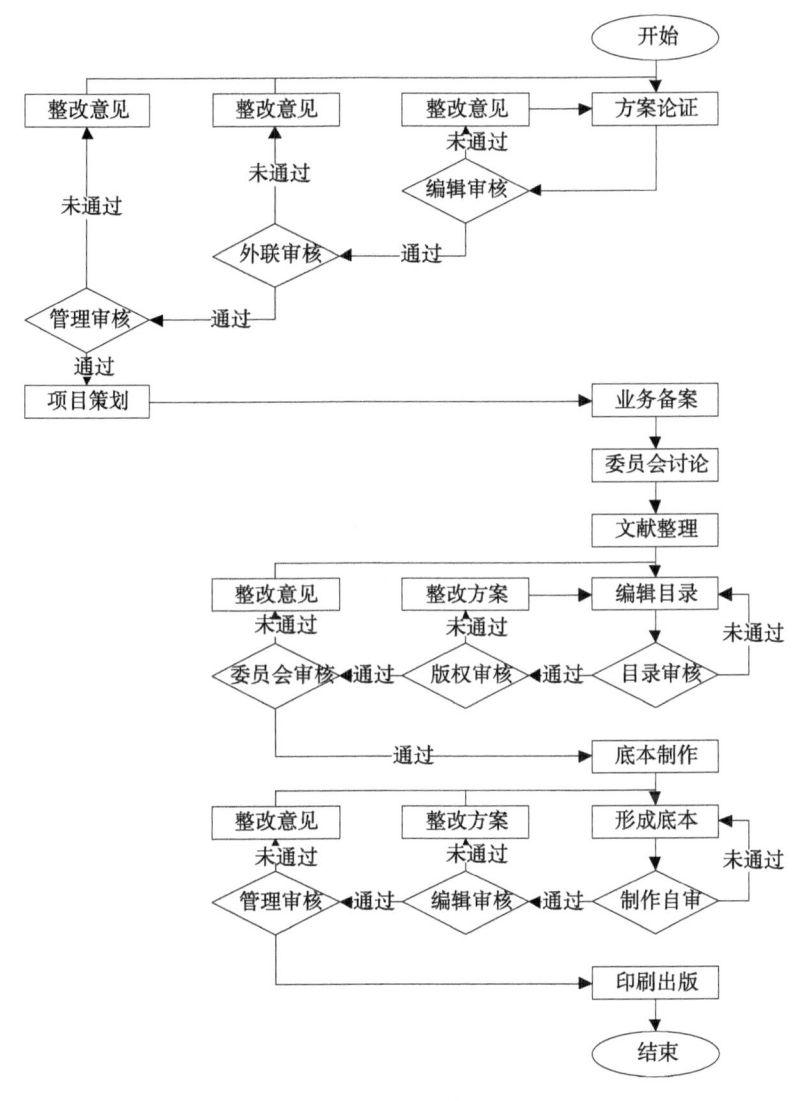

图 5-2 项目质量管理流程图

第三节 关于缩微文献开发质量情况的调查

近五年来，文献开发印刷出版的销售量出现了下滑的情况，部分开发成果滞销。开发成果的归宿是用户群体，而用户本身正是衡量失败成本的重要指标。为了了解其中所存在的质量问题，通过采用调查问卷的方式，对用户读者、出版经销商、高等院校等进行调查，以收集用户的相关信息和数据。

相比于访谈的调查形式，如通过电话、面对面等手段去了解开发成果的用户反馈，书面调查对于近五年来的大样本调查则更为适宜。书面调查使开发方降低了数据收集的成本，易于分析，更有助于进行深度的问题探究。

一、问卷调查表的设计

问卷调查表的设计，首先须明确问卷调查内容所要达到的目标，所设计的内容需要充分反映具有决策信息的调查结果。从调查对象来看，除了普通读者等一般用户外，高等院校及图书馆、书店经销商、合作出版机构等都会受到文献开发产品以及服务的影响。一般读者的反馈是对产品性能的感知，而文献收藏机构则包含了对成果对外开发过程的感知，所以，在对用户进行反馈收集的计划制定上，不仅要关注一般读者用户为代表的外部顾客，也要讲内部顾客的信息进行跟踪调查。

问卷调查的内容主要关注于文献开发成果所涉及的质量标准。文献开发的过程中或会存在有多个有待于完善的质量问题，但对于整个工作流程而言，最首要的是确定关键问题。对质量起到决定作用的通常为主要因素，通过运用管理工具确定影响文献开发及具体流程中质量问题的主要因素，并对其加以控制。根据戴维·A·加文（David·A·Garvin）的质量维度理论，对于文献开发成果的质量标准，做以下的分类：

文献开发质量维度分类表

质量维度	项目（文献选题）
性能	资源收集
特色	文献珍稀
符合性	制作质量
可靠性	内容创新
服务性	选题实用
美学特性	装帧特色

资源收集程度作为产品的性能指标，直接决定了产品的实用性，是衡量产品质量的主要标准，具体有两点，其一，文献内容是否完整，或所存版本是否为现世最完整的；其二，相关的文献内容是否能形成体系，或在相类似题材中所占的比重，如实际实用文献比重低，则该选题的资源收集程度不足。

文献珍稀程度是产品的特色指标，是产品竞争优势的体现，这里专指选题所收录文献内容的珍稀程度，比如该文献是否为该产品所特有。倘若相关文献为开发者所独有，并且具有重要的历史和社会价值，则认为该产品具有较为鲜明的特色。

制作质量程度是产品的符合性指标，比如体现产品形制内容的统一性和规范程度，主要是指文献底本的制作，如文献的清晰度、扫描的错误率、底本的色彩度等指标，制作质量是衡量文献开发质量的重要指标。

内容创新程度是产品的可靠性指标，与市场情势息息相关，具体体现在产品与同期同类产品或历史上的相关产品对比下所体现的创新点，如选题中所收录的文献是否为首次出版，或选题下文献的首次出版内容比重情况，如选题中所收录的文献大多为首次出版，则产品的可靠性较强。

选题实用程度是产品的服务性指标，也是用户评价产品性能的主要指标,具体来说,指的是产品是否能够在多大程度上满足客户的实际需求。

装帧特色程度是产品的美学特性指标,也是用户对于该产品的基本观感,是评价文献开发质量的感性认识,具体如封面设计、文献成果的装帧、印刷方式及纸张使用等。

二、调查范围及客户分析

针对于缩微文献开发项目的质量问题,以2012年至2016年为区间,发放调查问卷进行调查。A图书馆开发文献的销售途径为自行销售与委托代理,自行销售采用直联推荐的方式,客户群体为高等院校、公共图书馆及普通读者,委托代理销售则由出版经销商负责。

根据所掌握的客户信息及资料情况,共向532名用户发放调查问卷,收回问卷426份,其中有效问卷400份。发放范围包括用户读者、高等院校、公共图书馆以及出版经销商。发放数量为用户读者374份,高等院校66份,公共图书馆58份,出版经销商34份,其中收回并验证为有效问卷的数量为用户读者252份,高等院校56份,公共图书馆58份,出版经销商34份,比例如图:

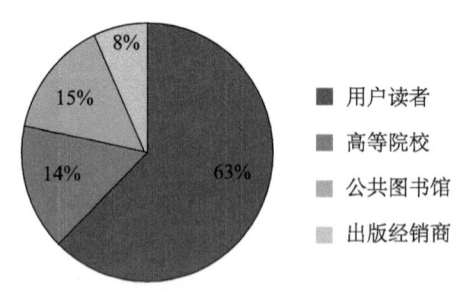

图5-3 调查问卷发放比例图

三、调查情况分析

作为数据收集工具，核查表用于记录用户对文献开发成果的满意度以及用来揭示过程中的质量问题。核查表中记录收集的数据，是接下来质量控制分析的基础。经过问卷调查，对开发项目总体不满意的用户共有148位，整体不满意度为37%。根据前面所述的分类做进一步统计，建立核查表。

缩微文献开发项目质量问题核查表	
用户不满意种类	数量
资源收集程度	91
文献珍稀程度	1
制作质量程度	103
内容创新程度	2
选题实用程度	1
装帧特色程度	2
总计	200

根据数据整理结果，需制作帕累托图做进一步分析。帕累托图是一种将所出现的质量问题和质量改进项目按照重要程度依次排列而采用的一种图表，是按照发生频率大小顺序绘制的直方图，表示有哪些成果是由已确认的原因所造成的。按照帕累托图绘制原则，绘制文献开发质量问题图，如下所示：

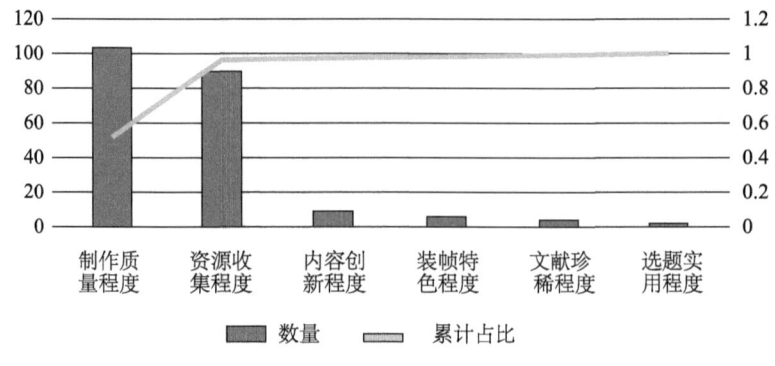

图 5-4 文献开发项目质量的帕累托图

该帕累托图揭示了关于文献开发项目的两条重要信息。在图右侧的纵坐标找到 80% 的节点，随后沿左找到累计百分比曲线的对应节点，再向下对应横坐标轴的条目名称，该项所对应的，即是所需要的内容与原因。首先，位于最左方的两个条形显示了制作质量和文献完整是最大的有待于完善改进的因素，代表了目前导致文献开发产品滞销的主要原因；其次，右侧四个条形即是代表"关键的少数因素"，分别是内容创新程度、装帧特色程度、文献珍稀程度、选题实用程度。

根据文献开发项目中用户最不满意内容的帕累托图，可以得出如下结论：

A 类（0 至 80%）：文献开发质量问题主要因素包括制作质量程度、资源收集程度；

B 类（80% 至 90%）：文献开发质量问题次要因素无；

C 类（90% 至 100%）：文献开发质量问题一般因素包括内容创新程度、装帧特色程度、文献珍稀程度、选题实用程度；

为了提升文献开发项目的质量，要重点解决制作质量问题和资源收集问题。为了解决该两项质量问题，本研究对制作质量和资源收集的质量问题进行分析。

第四节 分析查找关键问题

根据调查，可以确定制作质量和资源收集为影响近五年来文献开发成果滞销的主要因素，接下来对这两个因素分别进行分析，从而找出影响影印书销售量的关键质量问题。

一、制作质量问题

对于制作质量而言，体现产品形制内容的统一性和规范程度，主要体现在底本制作环节，其基本工作共有五个步骤：第一，由拍摄扫描部门根据文献编辑部门所确定的内容目录，向库房调取相关缩微胶片；第二，对提取的缩微胶片进行整理，并根据形制将胶片分为16mm、35mm以及缩微平片三类，并加工制作胶片条带；第三，通过高速缩微卷片扫描仪或缩微平片扫描仪，对不同式样的胶片条带进行参数设定与扫描，后录入存档仪器；第四，由技术人员对数字条带进行数据接收，将每一拍文献转换成特定格式的数字画幅。在此基础上，将制作完成的数字画幅进行后期处理，剔除与文献无关的画幅，制成可使用的电子扫描文献，并按目录分入应属的文件夹中；第五，制作部门将底本交付编辑部门对照后，再由管理部门确认后，付梓印刷。

根据用户实际反馈的情况，电子扫描件主要存在的问题主要有漏页、切字、亮度失衡、文字歪斜以及字迹不清等。

针对于底本制作的质量问题，从2012年至2016年内销售情况不佳的50种文献开发成果中随机选取2万页扫描件进行质量核查，按照问题分类，建立核查表如下：

缩微文献开发制作质量问题核查表	
错误种类	数量
漏页	64
切字	20
亮度失衡	3
文字歪斜	3
字迹不清	3
总计	93

根据 A 图书馆标准规范，扫描制作的容错率为 3‰。按照 2 万页总额，其容错数量应为 60 个，而目前总错误量已达到 93 个，明显已超出了容错范畴。根据核查表统计结果，漏页和切字数量共计 84 个，占问题总数的 90%。

可见，影印书漏页和切字是影响影印书销售量的关键质量问题。

二、资源收集问题

资源收集是开发成果内容质量的体现，属于文献整理与选目环节的工作范围，其基本工作共有六个步骤：一是确定检索内容，即针对于选题内容，需参考中国图书馆分类法确定检索内容，如选题种类存在跨类内容，则需另通过关键词、出版者、出版地等数据信息加以辅助，最后确定该选题内容所涉及的分类及相关检索内容；二是检索数据，即根据之前确定的分类及内容，通过数据系统进行检索，并根据不同的检索项，分别制作成批控文件，并将批控文件转换成 ISO 文件，以待下一步的整理；三是建立总目录，即建立 XLS 初始表格，将所需检索内容所相关的字段名输入表头；四是将之前转换出的 ISO 文件导入程序中，进行实例配置，将数据对应转换到 XLS 表格中，建立起有关文献的总目录；

五是对文献进行去重。将不同的检索方法之间存在有重合的内容以及馆藏文献中,存在同一版本重复收藏、同一种书不同版本的情况甄别筛选,建立去重目录。六是进行文献编辑,在建立去重目录后,需要对收录文献的版权、出版情况以及内容进行筛查。在经过以上整理后,建立可用目录。

根据用户的反馈,电子扫描件主要存在的问题主要有三个方面:其一,内容不完整,部分应收录的文献未收录;其二,存在内容相似的文献在同一文献开发成果中重复出现的情况;其三,部分文献不符合出版要求。

针对于资源的质量问题,仍将2012年至2016年内销售情况不佳的50种文献开发成果进行质量核查,并按照上文所述制作质量的思路,建立核查表如下:

缩微文献开发资源收集问题核查表	
涉及的问题种类	数量
内容不完整	23
重复	6
不合要求	2
总计	31
实际涉及总计	26

根据核查表统计结果,涉及问题的种类共有31种,其中23种内容不完整,6种内容重复,2种不合出版要求。由于三种问题间存在重叠,个别项目存在多种问题,实际涉及文献26种,所以三者所涉及文献总数大于实际文献数。经统计,存在不完整的项目种类,占总比例的52%,资源收集可以确认为影响产品销售的重要原因,印证了问卷调查的反馈情况。在31个问题中,内容不完整问题23个,占问题总数的74%。

可见,影印书内容不完整是影响影印书销售量的关键质量问题。

第五节　分析问题成因

通过上述分析，确定影印书切字、漏页以及内容不完整是影响影印书销售量的关键问题。如果要解决以上问题，则需要探究形成问题的原因。

一、切字、漏页和内容不完整问题的发生情况统计及分析

核查表所收集的数据，为进一步的质量控制分析奠定了基础。然而，仅通过数据本身，并无法得出结论，所以还需借助于数据分析工具来分析数据的意义。为了更清晰地分析底本质量低的原因，在此借助于散点图进行分析。散点图指的是在回归分析中，相关数据点在直角坐标系平面上的分布图，表示因变量随自变量变化的大致趋势，建立散点图的思路如下：

散点图 A 是"错误率散点图"，其主要针对 2012-2016 五年来的错误率高低制图。设计这张散点图的目的在于鲜明地表现出错误率升高或降低的关键时间节点，找到造成这种问题产生的原因，以便更加精准地对症下药。

散点图 A 的设计思路：首先是定义关系，对于造成底本错误的原因，存在多种因素，在此以时间为变量，统计错误率的变化情况；然后是收集数据样本，若要充分揭示错误率的原因，应尽可能保证样本数据量的充足，避免由于偶然关系所造成的干扰，20000 页的样本数量能够保证结论的准确性；最后是绘制散点图，以 X 轴标记自变量，显示制作时间，以 Y 轴标记因变量，显示错误率，如制作时间与错误率相关，则在散点图中，错误率会根据时间的变化而产生变化。

根据核查表现，散点图 A 绘制如下（见图 5-5）：

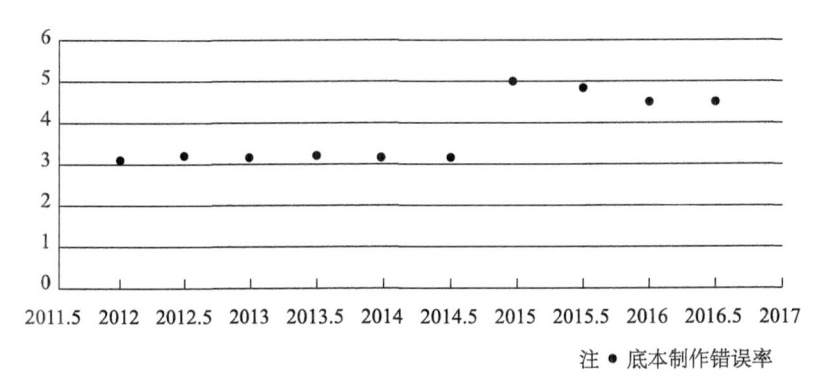

图 5-5　年份与底本制作错误率的散点图 A

散点图 B 是"内容完整性散点图",其主要针对 2012 至 2016 年以来文献内容完整性制图。设计这张散点图的目的,在于找出文献完整性问题产生的主要时间段,进而识别造成这一问题产生的原因。散点图 A 和散点图 B 存在内部关联,其横坐标所针对的时间段是统一的,这对于类比切字、漏页和内容不完整两大问题产生的原因,有很大的益处。散点图 B 的设计思路:首先是定义关系,对于造成底本内容不完整的原因,存在多种因素,在此以时间为变量,统计内容不完整问题的增减情况;然后是收集数据样本,若要充分揭示错误率的原因,应尽可能保证样本数据量的充足,避免由于偶然关系所造成的干扰,2012 至 2016 五年间样本核查表中反映的数据能够保证结论的准确性,这些数据属于再利用,其科学有效性已经很有保证;最后是绘制散点图,以 X 轴标记自变量,显示制作时间,以 Y 轴标记因变量,显示不完整文献数量。如制作时间与不完整文献数量上升相关,则在散点图中,不完整文献数量会根据时间的变化而抬升。

根据核查表现,散点图 B 绘制如下(见图 5-6):

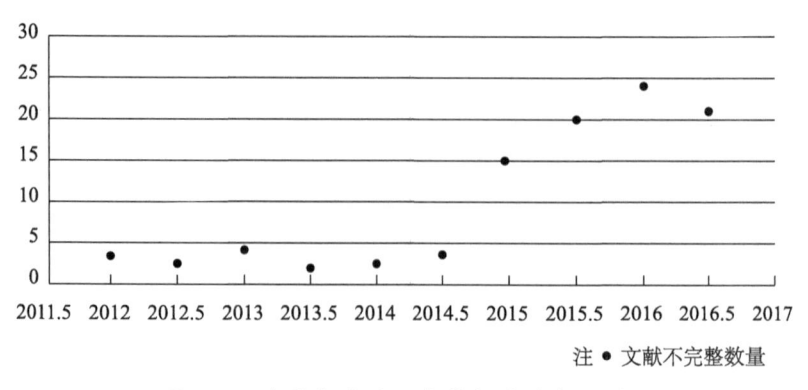

图 5-6　年份与文献不完整数量的散点图 B

根据散点图 A 所示，2012-2016 年文献底本制作的错误率一直高于 3‰，抽查的样本在各自所涉及的年份里，均超出规范的容错率。2012 年上半年为五年内错误率控制最低时期，基本维持在 3‰左右。进入 2015 年，错误率陡增，接近于 5‰，而后一直居高不下，错误率一直在 4‰以上，虽然错误率有下降趋势，但其仍然处在较高的阶段，亟待解决。很显然，2015 年为错误率变化的一个关键时间节点，是影响底本质量的重要时间节点。根据散点图 B 所示，2012 至 2016 年的资源收集不完整问题存在一个剧烈的陡然上升的现象。在 2012 年至 2015 年上半年，文献不完整问题尚在一个比较低的数量徘徊，没有对客户满意度产生严重不利影响。从 2015 年下半年开始，文献不完整问题大大增加，几乎在一夜之间达到过去的 4 倍，对客户满意度、扫描文献的价值产生了严重的负面影响。

两张散点图存在着共同的时间关联，不论是底本错误率还是文献不完整度，都在 2015 年发生严重的问题。经过仔细研究发现，造成这两种错误同时抬升的不是偶然巧合，而是一个共同的因素。在 2015 年上半年，由于工作需要，A 图书馆安排了一次大型轮岗，许多重要岗位的负责人被调动到其他岗位，许多重要工序的质量监督是由过去并不负这一流程的人员负责的。当时安排这次轮岗的动机是锻炼职工的综合能力，防止长期从事单一工作造成枯燥心理、降低重复劳动对工作积极性的影响。但是，由于培训机制存在漏洞，忽略了质量管理的水平问题，造成了严重的质量问题，直到此次调研才使漏页、切字和文献不完整问题显现出来。

综合各方面因素，本研究认为，造成散点图 A 和散点图 B 的深层次成因在于培训方式的不完善。长期以来，A 图书馆针对文献开发业者的培训，采用的是普遍性模式。这种模式的培训突出了一次性、短平快的特征，要求所有参训者在短期内掌握文献开发各个环节的梗概和核心知识。在参训结束后，没有具体的岗位培训或者二轮轮岗培训，而是直接在工作中体会具体的操作。下面是过去长期实行的"普遍性培训"的具体办法：

首先，对所有项目干系人进行缩微文献开发的背景介绍和全局介绍。参加的人员包括准备承担相关工作的扫描人员、质检人员、选题人员、编辑人员，他们在这一过程中，将进行无差别的学习。背景介绍的主要内容是：缩微文献开发的意义与价值，缩微文献开发的市场收益与社会效益的影响，缩微文献开发的前景与现状。这些务必使每一个参训人员都能明白知晓，毫无疑问。全局介绍的主要内容是：缩微文献开发的流程介绍、缩微文献开发的关键要点、缩微文献开发的危机处理。通过这些介绍，要安排适当的实际操作和情境演示，通过各种主题模拟、案例分析等手段，让参训者对全局工序、关键要点、错误的严峻后果有一个清晰的认识。

其次，经过上述阶段后，安排参训人进行第一轮考核与多对一面试。考核的主要内容和方法是通过纸质答卷的方式，让参训者论述自己前一阶段培训的体会，对工作全局做出概要介绍和自己的理解。通过试卷，可以对参训者的学习效果做出基本掌握，能对参训者的未来培养方向和适合工作岗位做出基础预判。多对一面试，是在纸质答卷后，由施训方的主要负责团队，对参训者进行一一闭门面试。通过面试，全面掌握参训者的特点和参训效果，并且要参训者充分表达自己的意见，从而为最终分配参训者的岗位做出初步的结论。

最后，普遍性培训的最后一个阶段是岗位实习和综合座谈。

在上述阶段结束后，施训方根据综合考察后的结果将所有参训者分配到两个专业技术人才生成模式中，分别直接参与技术工作和选题工作一段时间。在这一阶段结束时，由参训者自己写出岗位实习心得，并且施训方会同岗位导师对参训者做出综合总评。总评结果，就是参训者最终的岗位。在总评结果出来之后，施训方会同岗位导师、参训者开一次综合座谈大会。对前一阶段的培训工作做出总结，宣布参训者的岗位分配情况，并且要求参训者发表最终陈述。如果参训者对施训方所给出的结论认同，则进入具体工作阶段；如果参训者对自己的岗位落实有不同意见，则允许参训者自我申诉，如申诉有效则予以调整，如申诉无效，其将与下一批参训者重新参加一轮普遍培训。

由此可见，造成2012年至2016年出现严重底本错误率和文献不完整度大大抬升现象的原因，与这种培训方式不无关系。由于这种培训突出了一次性，使得一旦岗位调整或轮岗发生后，面对新的工作环境和工作内容，许多业者只能采用临时请教和工作中摸索的办法，这必然造成工作效率低下；面对工作效率必须保证的局面，许多业者只能以牺牲产品质量为代价去保证速度，如此一来，因陋就简、得过且过，就会造成质量处于不稳定的波动状态，无法达到良性循环、不断进步的质量管理目标。

由于工作需要和岗位调整大多数时候比较仓促，没有时间安排轮岗培训，也没有时间安排具体的岗位培训，这就造成了许多业者只能搜寻自己数年前参加培训的笔记，在实践中摸索新的岗位。另一方面，刚刚形成的一些岗位经验和操作准则，由于人事变动，被白白地浪费了，在没有任何总结和传帮带的情况下，不得不再次从零开始。

经过散点图揭示出的这些深层次问题，本研究已在第四章设计新的培训方式予以规避。新的培训将着力突出两方面的特点，第一是具体的岗位培训，第二是轮岗后的二次培训。

二、导致切字、漏页发生的潜在原因分析

漏页、切字问题都会直接使得文献开发成果的完整性受损，使已有资源无法全面地呈现给使用者，从而使得开发成果的价值大打折扣。发生漏页及切字错误的环节出现在底本制作的数据影像接收环节，其具体的工作流程图如下（图5-7）：

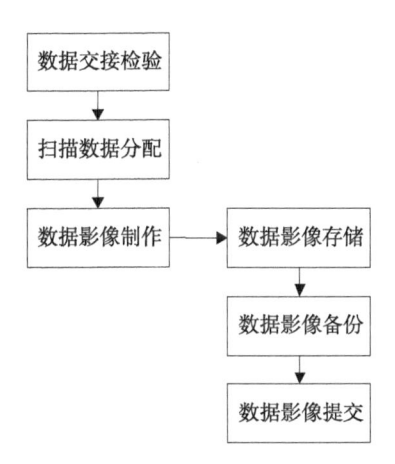

图 5-7 数据影像接收环节流程图

在上游完成对胶片条带进行影像存档之后，技术人员对已存档的数字条带进行数据接收，并根据实际情况，将文献转换成TIFF 或 PDF 格式的数字画幅，并进行统筹整理后，提交给下游的编辑部门。数据影像接收环节，如流程图所示，共分为以下六个步骤：

第一，数据交接检验，即接收扫描数据，与上游工序交接扫描所得的条带信息；第二，扫描数据分配，即根据编辑需求并结合文献实际情况，设计制定接收工作的参数标准和具体要求。由于不同的出版对象对于底本影像的实际使用存在着一定的差异，

所以对文献中非原生内容的处理方式也有所不同，所以要在这一过程中对底本影像做特别检视；第三，数据影像制作，即对扫描工序中已完成的条带信息，按需求进行剪切，接收为各单页数字影像，将隶属于同一种文献的部分划分至同一文件夹下，并按照"序列号＋名称"的方式标注名称；第四，数据影像存储，对已划分好的数据影像底本进行确认核对，并存储在本地；第五，数据影像备份，即对已存储的数据影像底本进行备份，拷贝至预备交付与下游编辑部门的硬盘或其他介质中；第六，数据影像提交，即将拷贝后的底本数据影像提交至下游编辑部门，结束数据影像接收，完成底本制作。

为了全面分析导致切字、漏页问题发生的潜在原因，在此以数据影像接收环节作为研究对象，组织管理与专业人员进行头脑风暴，绘制鱼骨图。鱼骨图是用来发现问题根本原因的分析方法，在运用的过程中，将相关的因素与特性值关联在一起，并按照相互关联性进行整理，从而层次分明、条理清晰。通过鱼骨图，着重梳理在现行工作环节和制度规定下存在的影响影像接收质量的各个原因，并在此基础上，分析每种原因及其相关因素对切字、漏页的问题是否存在影响，并分析其影响程度，以最终归纳出主要成因。

经过项目管理部门与拍摄扫描部门的讨论研究，具体的绘制思路为：首先是确定问题，底本的制作质量隶属于制作质量程度的范畴，设置鱼骨图的落脚点就在于对底本制作质量进行分析，并由此明确后续分析的大范畴；其次是确定原因类别，对于质量分析，有很多普遍性的原因类别，比如人员、设备、材料、管理规范等问题，而这些原因也同样适用于本问题的分析；最后是细化原因，在确定设定人员、设备、管理规范、材料四大类原因后，再从每一个原因类别出发，分析各种可能导致该类别出现质量问题的因素，如该因素下仍然存在相应的子因素，则继续进行推论分析，直至穷尽。

根据上述绘制思路，绘制鱼骨图，如下所示（见图 5-8）：

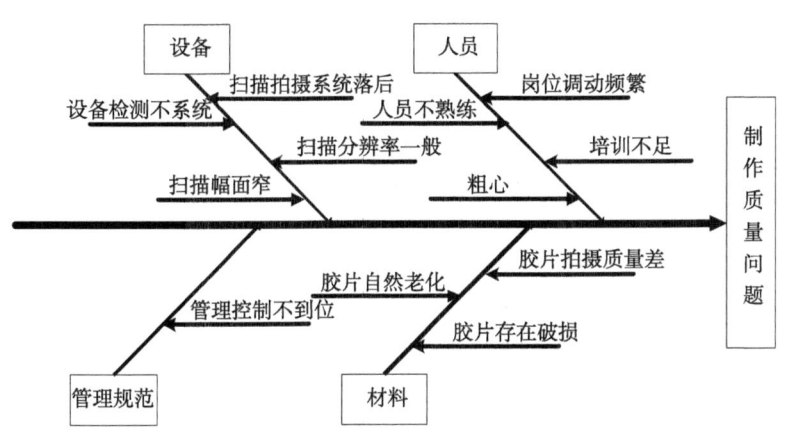

图 5-8 分析制作质量问题的鱼骨图

通过鱼骨图，总结出由于数据接收出现问题，从而影响制作质量的潜在因素。经过分析，可能存在以下四个方面的因素，分别是设备、管理规范、材料和人员，具体为：

第一，设备问题。首先，扫描拍摄系统的落后会限制设备对条带信息的识别读取能力，限制数据接收过程中技术人员的操作能力；其次，扫描分辨率一般确实会降低缩微胶片转换出的影像底本清晰度，可能会导致其中页面画幅无法达到正常的出版要求；再者，扫描幅面窄会直接影响 35mm 缩微胶片的转换能力，造成文献页面缺失、部分文献无法被识别等问题；另外，设备检测不系统容易导致底本制作水平失衡，使设备维持在不正常的运行状态，降低综合制作水平。在实际情况中，A 图书馆于 2011 年更新了目前业界最先进的扫描设备及操作系统，基本可排除前三种问题对于底本制作质量的负面影响，而依据已制定的缩微设备使用细则，要求操作人员每日测试并提交数据，对设备进行校准，由此第四种问题也基本可以排除。综上所述，设备因素与产生制作质量问题关系不大。

第二，材料问题。首先，胶片拍摄质量差意味着在文献源头上就出现问题，限制了文献底本质量的上限；其次，胶片自然老化导致部分胶片无法完整地呈现文献内容，以及可能造成相关部分无法被设备识别等情况；再次，胶片如存在磨损问题，其可能产生的情况与第二种问题相似。在实际情况中，根据已设立的缩微文献拍摄规范及检查制度，胶片拍摄质量得到了较为充分的保证，从供读者阅览使用的胶片而言，多年来也并未得到胶片拍摄问题的反馈，所以第一种情况基本上可以排除。另外，A图书馆自2007年开始，对所藏的缩微胶片进行了为期三年的清查核库，对其中老化及存在磨损的胶片已进行了维护、修缮和更新，所以也基本可以排除后两种问题对于底本制作质量的负面影响。综上所述，材料因素与底本制作质量产生问题的关系也十分有限。

第三，人员问题。根据前文所述，人员因素确为影响底本制作质量的重要因素，在实际情况中，也确实对底本制作质量产生了影响，相关原因分析已在上文中提及，在此不再赘述。

第四，管理规范问题。质量控制不到位是影响工作质量的重要因素。在实际情况中，以往对于数据影像接收环节，已有相应的质量管理控制规范，具体情况如下表所示：

数据影像接收质量管理规范表

质量控制点	质量控制核心内容	质量控制负责人员	质量控制依据	质量控制办法
数据交接检验	数据总量、内容是否与表单一致	接收工序负责人	数据的接收流程细则	质检员抽查
数据影像制作	数据影像提交是否分组合理，是否符合出版群体利用的一般性便利习惯。	接收工序负责人	数字化加工工作手册，数字影像命名规范	质检员抽查

续表

质量控制点	质量控制核心内容	质量控制负责人员	质量控制依据	质量控制办法
数据影像存储	数据影像存储是否符合规范，有无影像存储中是否存在切字、漏页、亮度失衡、扫描不清、页面歪斜等现象	质检与数据备份负责人	技术错误的质检办法和返工办法	质检员抽查
数据影像备份	数据影像备份是否与本件完全一致，不得出现丝毫缺失或冗余	质检与数据备份负责人	数据存储与备份规范	质检员抽查

在之前的质量管理规范中，在数据交接检验、数据影像制作、数据影像存储以及数据影像备份环节设置了质量控制点。首先，在数据交接检验环节中，由质检员对已扫描完成的影像数量以及条目内容与文献编辑部门所确定的内容目录进行抽查比对，检验数据规模及内容与要求是否吻合；其次，在数据影像制作环节中，由质检员对已制作完成的影像数据的分组分类进行抽查，具体关切底本影像是否合乎于出版群体利用的特殊性要求；再次，在数据影像存储环节中，由质检员抽查存储文献是否存在不符合出版要求，如切字、漏页、扫描不清、页面歪斜等情况；最后，由质检员抽查预备提交给编辑部门的底本数量及内容是否与制作部门所存储的内容相一致。

在以上的质量管理规范中，并未在扫描数据分配和数据影像提交环节设置质量控制点。其一，扫描数据分配环节涉及到条带本身的质量情况，在数据交接检验环节中，对于条带信息中的总量和内容进行了质量控制，而其扫描的质量问题却常常被忽视，如忽略了在数据分配环节设置质量控制点，则会使后续人员误以为原文献情况即是如此，从而无论后续工序如何扎实，都无法从根本上改善底本质量；其二，由于在数据影像制作与数据影像存储环节均采用质检员抽查的方式，所以不排除其中存在错误被遗漏的可能，或会存在切字、漏页等情况的发生，而提交环节完成后将直接付梓印刷，为底本制作的最终环节，如在这一关节不作质量控制，底本质量则难以尽善。

由此可见，在接收环节的质量控制中确实存在漏洞，主要体现在两个方面。一是数据分配环节没有设置质量控制点，导致条带信息漏检；二是流程中缺少对数据影像质量的二次检查，导致问题数据可能直接进入后续环节，而在数据影像提交环节增加质量控制点是最佳选择。有鉴于此，本研究将在第四章着重解决上述两个问题，修补接收环节中出现的质量漏洞。

三、导致资源收集不足的潜在原因分析

为了进一步确定影响资源内容质量的因素，对问题症状进行识别，同样需借助于鱼骨图来识别、探索与显示这一问题的潜在原因。延续上文之前有关制作质量的思路，组织项目管理部门与文献编辑部门集中讨论，头脑风暴，绘制鱼骨图（图5-9）如下：

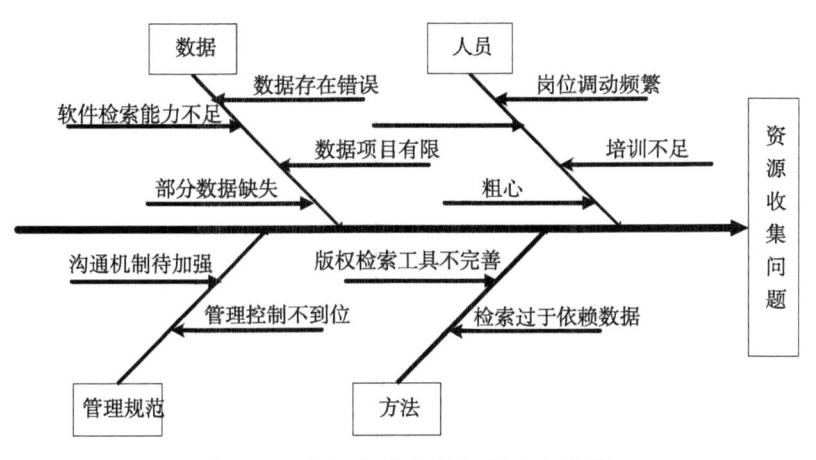

图 5-9　分析资源收集问题的鱼骨图

通过鱼骨图，总结出影响文献资源收集的因素，共有数据、管理规范、方法、人员四个因素，具体分析如下：

第一，数据问题。首先，软件检索能力的不足会严重限制资源的收集能力，从而对于相关文献无法全面地进行检索，导致文献遗漏等情况出现；其次，数据存在错误会导致两种错误的检索情况出现，首先是由于数据的错误导致一些本来与检索项无关的文献被错误地收录在目录中，再者是本应检索出的文献由于的数据的错误而未被检出，这两种情况都会导致资源收集能力的缺失；再次，部分数据缺失，会使相关文献在特定的检索点无法被准确检索出，从而导致文献的遗漏；另外，数据项目会限制编辑人员对选题内容以及文献目录的制定，由于选题角度并不止于文献内容，还可能包括文献出版时间、地区、属性、版权等，当编目数据对文献的揭示能力不足时，会对编辑人员的选目工作带来较大的麻烦，极大地降低文献编辑的效率。对于数据因素，A 图书馆于 2014 年对文献检索系统进行了全面升级，修正了以往可能存在检索能力不足的情况，并根据第四版《中国图书馆分类法》、《中国图书馆编目规则》等标准规范对书目数据进行了全面维护更新，所以由数据因素导致的资源收集能力下降的可能性基本可以排除。

第二，方法问题。首先，版权检索工具不完善会导致在编辑选目过程中出现大量的"孤儿"文献，部分符合版权要求的文献由于无法解决版权问题而被弃用，此外还会出现并不符合版权要求的文献被错误收录于目录中，从而导致文献开发后期的相关法律问题；其次，在文献编辑过程中如过度依赖于编目数据，会直接影响编辑对文献实际情况的了解，从而影响文献成果的质量。对于上述情况，A 图书馆于 2012 年委托国内某版权代理单位，对所涉及文献的版权情况进行落实，规避了相关文献版权的风险。此外，在文献编辑规范守则中，要求编辑人员在建立目录的过程中，须将数据与缩微文献逐项对照，以确保目录的准确性。综上所述，编辑方法与资源收集产生问题的关系不大。

第三，人员问题。人员因素确为影响资源收集质量的重要因素，相关原因分析已在上文提及，在此不再赘述。

第四，管理规范问题。经分析，管理方面确存在影响资源选取不足的影响因素，主要体现在选题范围不明确和沟通机制不完善方面。

在选题范围方面，文献开发的第二个阶段即策划阶段，编辑部门与外联部门共同制定项目论证信息与方案规划，定位用户需求。这阶段的工作主要明确客户对选题的方向要求，然后结合文献编目信息整理相关资源纳入选题项目，初步确定项目规模。随后，在文献开发的第三个阶段即设计阶段，责任编辑负责确定文献目录，再通过编辑互审制度审定选题目录。经分析，这里存在两方面的问题。其一，在设计阶段，选题的方向经与合作方讨论确定之后，选题的范围由责任编辑自行决定。那么责任编辑对选题的理解以及主观意志将对选题范围起到决定性作用。在流程中，缺少了会议议定的环节，也没有进行意见征询的过程。因此在文献选取前期，便出现了选题范围失控的情况；其二，在责任编辑确定选题目录之后，选题目录的审定是通过编辑互审制度完成的，互审制度通常采用编辑互审的方式进行，若选题目录存在争议则通过召开编辑会议来确定。此方式存在的问题是一方面审定职责不明确，因此审定编辑对选题范围的认定往往简单地趋同于责任编辑。上述两个问题导致了在选题工作开始之初，选题范围便处于失控状态，在选题目录的审定时，选题范围亦不在主要审定目标之列。鉴于此，资源收集不足便也在情理之中了。

在沟通方面，文献选取工作是以文献的缩微拍摄工作为前提的，即纸本文献拍摄为缩微胶片后方可作为底本进行开发。而拍摄工作在持续开展，随时都有新的文献拍摄为胶片。对于文献开发项目而言，其时间周期通常为一年或一年以上，而在该年度中，文献收藏情况会不断地增加，而以往的数据内容也会不断地更新维护。对于文献编辑而言，在其确定目录时与文献最终出版的时间范围内，往往具备改善充实的空间，而相关变化具体反映到数据上却具有一定的滞后性。因此编辑人员在开展选题工作时，无法确定所选目录是否为完整目录，而又缺少必要的上下游沟通机制，这就势必造成文献资源选取不足的情况出现。

四、问题成因小结

经过对问题成因的分析发现，影响文献出版质量的主要原因在于以下三点：

首先，数据接收环节质量控制缺失。主要体现在扫描数据分配和数据影像提交两个具体工序没有设置质量干预和监管措施，形成了质量管理漏洞，导致了漏页、切字等问题的出现。

其次，文献开发环节选题范围不明确、沟通机制不完善。主要体现在资源选取前期缺少明确选题范围的办法和举措，选取过程中缺少必要的沟通机制，导致了资源选取不足问题的出现。

再次，培训不足。主要体现在常规培训较多、较为全面，而特殊培训不到位，专业性不强，导致工作人员专业技术较差和职业素养不高，同时也很难培养出专业性管理人才。

第六章 缩微文献项目质量管理的改进措施

根据上一章指出的缩微文献开发现存的主要问题，本章将结合质量管理方法来解决上述问题。本章首先分析了问题的解决办法，而后详细地介绍了数据影像接收环节、文献编辑环节质量管理的整改办法以及培训方式的内容与具体方法。

第一节 质量管理问题解决办法分析

过程管理的一个主要惯行即是对关键过程的质量和运营绩效进行控制，并运用系统的方法来识别运营绩效以及输出质量的显著变异，以便找到问题的根源，并进行纠正来验证最后的结果。根据第三章揭示的质量问题，确定相关问题的两个主要方面：其一，缩微胶片扫描件在加工环节出现的瑕疵影响到读者对于开发成果的认可，突出反映在漏页、切字这种造成文献内容严重缺失的问题上；其二，编辑选取的部分文献内容不足，这样就造成了影印后的市场效果和社会价值出现折扣，影响了后续的成本收益。

形成问题的根本原因是数据接收环节质量控制缺失，文献开发环节选题范围不明确、沟通机制不完善和培训不到位。要解决上述问题，就要从根本原因入手，综合运用质量管理的学科理论与方法来分析解决办法。下面就上述原因进行分析，以找出解决方案。

一、数据接收环节质量问题解决办法分析

胶片扫描环节包括胶片提取、胶片扫描、影像接收、影像交接和归卷入库等五个工作环节。漏页、切字等严重错误出现在影像接收环节。从第三章的问题分析来看，主要问题出现在工作环节质量控制措施不力，导致在这一工序的多个工作环节上存在质量控制真空区域，这直接导致了质量监管不到位，以至将问题影像滞留于工作流程中，直至最后环节。

第三章分析得出，问题成因主要在扫描数据分配和数据影像提交两个具体工序没有设置质量干预和监管措施，形成了质量管理漏洞。从组织结构上来看，将整体任务进行拆解，由各部门分别负责其中一部分工作，有利于项目工作的细化，也有利于明确工作职责，不存在明显漏洞，所以组织结构不需要调整。从运行机制上来看，项目的开展和运行均不存在明显漏洞，不会影响项目质量的控制。要解决这一问题，可以在组织结构和运行机制不变的环境下，通过在具体工作环节上增加质量控制手段来实现。

经分析，可以通过在扫描数据分配和数据影像提交两个具体工序中建立必要的质量控制措施，同时适度的调整工作岗位，完善质检职责的方式来改善该问题。

二、文献编辑环节问题解决办法分析

文献开发选题环节是整个缩微文献开发工作的核心部分，是整项工作的基础。在这个工作环节中，必须严密监控每一个环节和操作工艺，杜绝出现影响资源收集和底本规范等质量问题。根据第三章的分析，问题主要出现在流程及数据管理方面，影响质量的关键因素是选题范围不明确、沟通机制不完善。

第一个要解决的问题是选题范围不明确。工作流程中，缺少确认选题范围的工作环节，导致了选题范围含混不清，在资源选

择之初就埋下了资源选取不足的隐患。从表面上来看，可以单纯的在流程中增加明确选题范围的工作环节即可，然而经深层次分析可发现，问题的出现是由两个层面上的原因导致的：其一，在组织结构上，没有权威组织来引导和确定选题的范围，不利于问题的发现和解决，因此，应建立权威机构来负责选题范围的确定；其二，工作流程上缺少进一步监督，选题工作完成后，仅通过编辑互审制度及内部会审的方式进行选题目录审查，容易形成的走过场的局面。

另一个要解决的问题是沟通机制不完善，这也是工作机制不完善的具体体现，是工作细节中反映出的重要问题。这一问题的解决，要综合多个部门的力量，以选题工作部门为中心，建立一系列沟通机制。以资源选取不足为靶心，不断将机制向外延伸，最终解决选题工作的沟通问题。

三、培训问题解决办法

人才队伍建设是解决缩微文献开发现存问题的重要手段，上文提出的漏页、切字和市场效果、社会效益反响偏差等问题，归根到底，还是人才队伍建设存在缺失造成的。人才队伍的建设，要有制度化的保障，要充分运用质量管理学科的理论与方法，有力地保障了人才队伍建设的飞跃和进步。

缩微文献开发的人才队伍建设，是整改方案的要点。它的内容，主要包括了三方面的具体含义。首先是技术人才和文献选题人才的培养和生成模式，也就是怎样从初级人才进化到专业技术人才的制度。第二是各类人才怎样形成合力，避免单一工种化的重复劳动，实现综合管理人才的自我生成。第三是人才培训的保障在何处，怎样综合利用绩效等手段，使人才培训的效果不断充实和巩固。

在以上三部分的具体要求中，第二和第三部分是要进一步完善的。A图书馆重点研究并落实了两方面的人才培育制度和方案。第一是针对人才队伍形成结构化、体系化合力的要求，制定了一套轮岗培训方案；第二是A图书馆需指定综合化的培训计划，来实现对培训方式的整体理论概括，最终创造出了一种经得起市场和社会检验的综合化、效能化质量管理式的培训模式。

第二节 数据影像接收环节质量管理的整改

过程控制在质量管理实践中具有重要的价值，对过程实现有效控制是实现日常质量管理的基础，也只有使过程处于可控制的状态下，才能实现质量上的长期改进。在A图书馆以往的文献开发实践中，质量控制概念和方法在工作流程中并没有得到应有的重视。在经常发生漏页、切字等质量问题的情况下，质量控制理论与方法的应用就显得尤为重要。

综合上文所述内容，质量控制是一种落实到具体操作方法上的重要步骤，经过实践改造，本研究按照如下步骤将文献数据影像接收环节的质量控制工作进行完善，增加了在扫描数据分配和数据影像提交环节的质量控制。

一、质量控制的要点、依据和办法

在数据接收的工作流程中，对于扫描数据分配以及数据影像提交这两处环节，须依照以往质量规划中的标准规范体系和质量保障中的岗位负责制度，建立严密的质量控制办法。经过完善后，数据接收环节的质量控制规范如下表所示：

改善后的数据影像接收质量管理规范表

质量控制点	质量控制核心内容	质量控制负责人员	质量控制依据	质量控制办法
数据交接检验	数据总量、内容是否与表单一致	接收工序负责人	数据的接收流程细则	质检员抽查
扫描数据分配	扫描数据质量是否符合3‰的合格率要求	接收工序负责人	数据质量检查细则	质检员抽查
数据影像制作	数据影像提交是否分组合理,是否符合客户利用的一般性便利习惯	接收工序负责人	数字影像命名规范	质检员抽查
数据影像存储	数据影像存储是否符合规范,有无影像存储中的缺失或漏页现象	质检与数据备份负责人	数字化加工工作手册,技术错误的质检办法和返工办法	质检员抽查
数据影像备份	数据影像备份是否与本件完全一致,不得出现丝毫缺失或冗余	质检与数据备份负责人	数据存储与备份规范	质检员抽查
数据影像提交	提交的数据是否无误,格式是否符合规范,影像是否存在切字、漏页、亮度失衡、扫描不清、页面歪斜等现象	质检与数据备份负责人	数字化加工工作手册,数字影像命名规范	质检员抽查

之前的四个主要的质量控制点，结合新增加的两个质量控制点，共同构成了质量控制的核心内容。下文将具体说明扫描数据分配、数据影像提交这两个控制点的控制办法。

二、扫描数据分配的质量控制

扫描数据分配是整个数据交接阶段质量控制点中的重点，也是底本质量控制的有效保证。过去长期以来，并没有对这一工序进行有效地控制。在进行扫描数据分配时，也并没有开展任何质量控制范畴意义上的操作。在经过调整之后，引入质检人员抽检记录制度，可以严格地在交接的第一时间，就记录数据中出现的漏页、切字等问题，并在返工的第一时间完成，避免返工在后期的发生而导致的乱序，避免因文献质量问题没有把关就进行印刷而造成对文献开发事业的严重不利影响。

在岗位设置上，增加扫描数据质检员岗位，由扫描数据质检员负责上一工序所扫描的条带信息的二次质检。质检的重点在于检查缩微胶片及条带信息的质量，具体以抽查的方式来完成，抽样比例为20%。同时，修订数据制作环节的加工手册，丰富对缩微胶片及条带数据的质检内容，要求每名加工人员在接收数据时应对扫描影像进行检查，检查内容聚焦于扫描数据质量是否符合3‰的合格率要求，并建立缩微胶片数字化项目数据抽检记录。数据抽检记录的主要项目有对象数据、数据格式、说明文件与存储介质，记录图像的错误率，并给出检查结果。

由于扫描数据分配环节是对数字条带信息的传递，所以在该环节中，需充分核定上游工序扫描的条带质量，做好源头上的质量管控，真实有效地在数字条带影像中还原缩微文献的实际情况，保证数字条带中文献影像可能存在的部分特殊情况为原文献的实际情况，从而保障后序底本加工的质量基础。

三、数据影像提交的质量控制

数据提交的质量控制是重要的质量控制关口。数据影像提交阶段是底本质量控制的关键保险，由于编辑部门和管理部门对于底本制作的质检角度不同，在技术领域并不具备完全的质检能力，所以该环节如未得到有效的质量控制，则难以避免在付梓印刷的底本中存在一定数量的技术性错误，这对于文献成果质量会造成极大的负面影响。

在数据影像提交环节设立质检员岗位，质检内容是对扫描数据和扫描影像的质量检查，对提交给编辑部门的文献底本进行终检，具体为检查提交的数据是否无误，格式是否符合规范，影像是否存在切字、漏页、亮度失衡、扫描不清等现象。对于扫描数据影像实行抽查，抽样比例为25%，并分别建立终检记录单。终检记录的主要内容包括标示号、文献名称、出版者、出版单位、影像质量情况、影像数量等信息。

经过长期实践，在文献提交的最后阶段，引入了质量控制办法，设立质检员岗位，严把最后一道质量关口。通过落实质量控制责任，生成质量监督岗位机制，对于底本制作的质量管理，实现了对底本制作质量的最后保障。

第三节　文献编辑环节质量管理的整改

影响产品开发效率的一个主要障碍是组织上的缺陷。质量较高的产品设计通常需要不同职能部门的通力合作，以识别和解决产品设计上存在的问题，提高产品开发的效率。在设计过程中，虽然有专门部门负责产品的设计，但实质上所有的部门都在产品设计的过程中起到不同程度的作用，并通过并行工程的方法开发出符合期待要求的项目成果。文献编辑环节存在的问题主要在流程及数据管理方面,也涉及到管理部门、编目部门、外联部门等非设计部门,因此,让相关部门有效地参与到并行工程中,将有效地改进编辑质量。

一、建立文献编选委员会制度

设计评审是促进产品设计开发的重要办法,可以激发讨论、发现设计问题、产生思路并提出解决的方案。文献编选委员会制度是一系列制度和要求的统称,不仅包括建立文献编选委员会,同时还对质检标准、质检环节做出相关要求,具体如下:

第一项措施是成立文献编选委员会。文献编辑不同于底本制作,其中会掺入编辑人员自身的特质风格。对于同一个选题,由不同的编辑人员负责,其结果也会有所差异,而对于存在差异的部分内容,并不是明确的是非问题,或会存在一些学术上争议,而编辑人员也通常各有理由和见地,往往难以得出一个绝对意义上的对错结果,所以仅依靠建立质检标准不能很好地解决这一部分内容的质量问题,而在这一问题上编辑又无完全意义上的互检能力,所以需建立一个可供顾问咨询以及判断决策的机构。

文献编选委员会由九名行政管理人员及专家组成,实行三三制,委员会的组成人员分别来自于 A 图书馆、社会出版机构、高等院校及科研机构,对于来自于出版机构及高等院校及科研机构专家实行三年一聘的政策(图6-1)。

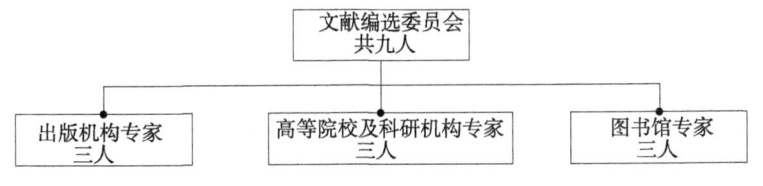

图 6-1 文献编选委员会组成图

文献编选委员会的职责主要有三个方面:首先,进行预先评审。所谓预先评审,就是在市场考察、内容编辑以及进度管理上建立早期沟通。文献编选委员会实行例会制度,每月对文献编选的相关情况进行讨论,向 A 图书馆提供政策、市场、学术前沿情况的信息参考和顾问服务,为文献整理工作明确选题方向,确定选目范围;其次,进行中间评审。所谓中间评审,是指在项目完成过程中,更为具体地审核项目以及其中存在的问题,并提出建议。文献编选委员会对文献选目进行不定期讨论,讨论内容主要针对于文献选目是否合理、文献的内容是否符合政策及市场要求等,如文献目录存在争议,则由委员会向编辑部门给出整改意见;再次,进行最终评审,即在文献编辑结果交付制作前,由文献编选委员会进行最终评审并提出修改意见,直至文献的编辑选目符合要求。

不同的编辑人员,其学术素养、选目风格以及倾向各不相同,所以同一选题由不同编辑人员的整理,其结果往往会有所不同而无可厚非。对于文献开发而言,编选委员会的建立,对于提高文献平均质量和稳定性具有重要的作用。

第二项措施是建立质检标准。根据文献的主要内容,组织进行头脑风暴,识别查找质检标准化缺失的主要问题,具体为存在重复内容、存在不适宜出版内容、版权情况错漏以及出错率较高的情况。据此,为使质检工作得以遵循同样的标准,保证质检工作的质量,结合具体问题,建立明确的质检标准如下:首先是去重标准。同一种文献,如存在多种版本,则选用馆藏文献;如馆藏文献有多种版本,则选用内容量最大者,其他列入备选内容;如存不同译本,则选用内容量最大者,并将其他译本列入备选内容;如存不同版本,属于多机构共藏本,则推荐内容量最大版本。以此标准,逐个类推;其次是重点审核内容。以原文献出版发行日期为视角,判断文献主题的倾向,如个别地区沦陷时期、被殖民时期所出版的文献,需做重点审核,类似的像 1939 年出版的《汪精卫先生关于和平运动之重要言论》等;以原文献个人责任者的立场为视角，判断文献主题的倾向，如日本侵华元凶石原莞尔写作的《石原莞尔言论集》，则需做重点审核；以原文献编辑发行的机构团体为视角，判断文献主题的倾向，如新民会出版部这一汉奸组织编辑的《东方精神与新民会》，则需重点审核；再次是版权标准。以文献责任者去世后五十年为节点，如未超出五十年则需单列目录并讨论是否有必要收录，需收录的，由外联部门解决版权问题。对于收录的孤儿作品，由外联部门通过各种渠道联系，解决一例，则使用一例；最后是重复出版标准。如相关文献在近三十内中国大陆地区曾经出版，原则上不予收录，如属于市场需求较高、资料价值较大的文献，虽然近三十年内曾出版，也酌情予以收录。

第三项措施是质检机制标准化。由编辑部门制作的目录需项目管理部门审核，确保满足出版要求。项目组制定的流程计划需增加质检审核环节，以往文献目录确定后，先进行版权审核，而后进行内容审核，但质检流程较为模糊，完善质检流程能够降低文献内容的质量问题，具体如下：

首先是建立健全目录审核制度。在文献整理前期以及目录制作中，定期进行内容会审，重点关注去重情况、版权情况以及内容是否符合出版要求等问题审核。文献编辑部门首先针对目录进行自检，之后提交至外联发行部门。外联发行部门对于该目录是否符合项目论证方案进行审核，审核完成后，提交至项目管理部门。项目管理部门针对于文献内容质量进行检查，并将整改意见反馈于文献编辑部门（见图 6-2）。

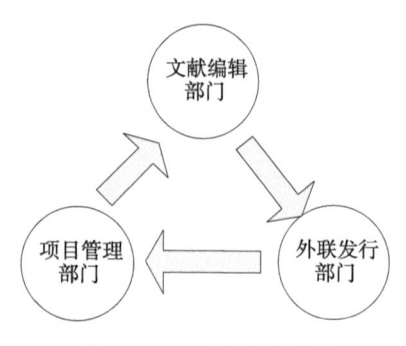

图 6-2 目录审核机制

　　文献编辑、外联发行和项目管理三方每周召开一次例会，对目录中文献的内容进行讨论，并明确是否使用，同时对下一阶段所涉及的文献进行讨论，提前解决问题，并填写会审记录。会审记录主要内容包括目录与选题说明，由项目管理部门、外联发行部门、文献编辑部门三方进行会审并记录讨论内容。

　　其次是增加质检环节，具体来说有两点：其一，为了提高质检能力，由以往的项目管理部门单一质检，增加了编辑部门自检、外联发行部门质检两个质检环节，由于文献整理的复杂性，所以另设责任者项目，以供被检查者针对问题进行确认或说明。质检共分为三个阶段：编辑部门自审阶段、外联部门审核阶段、文献编选委员会审核阶段。在编辑部门以及外联部门设立质检岗位，该岗位人选需由该部门内综合业务能力最合适者担任，其综合水平原则上不低于文献编辑的责任者，以保证质检的质量；其二，根据文献整理所涉及的主要内容，分为是否存在重复文献、是否存在未解决版权问题文献、是否存在内容不适宜出版文献，建立文献目录质检表，由质检人分别进行填写是否，并将数量以及所涉及内容注明于"具体说明"一栏中。在是否合格项目中采取五分制对内容进行评价：5分（优秀）、4分（良好，需完善）、3分（达标，需大幅度整改）、2分（待达标，目录需上会讨论）、1分（差，目录否决）。质检阶段由管理部门组织相关人员分阶段进行质检，质检人员完成质检后，签字生效。最后，由管理部门将表格交由责任者确认。

根据上述整改内容,增加并规范了文献编辑环节中的质检内容,文献开发流程图整改如下(图6-3):

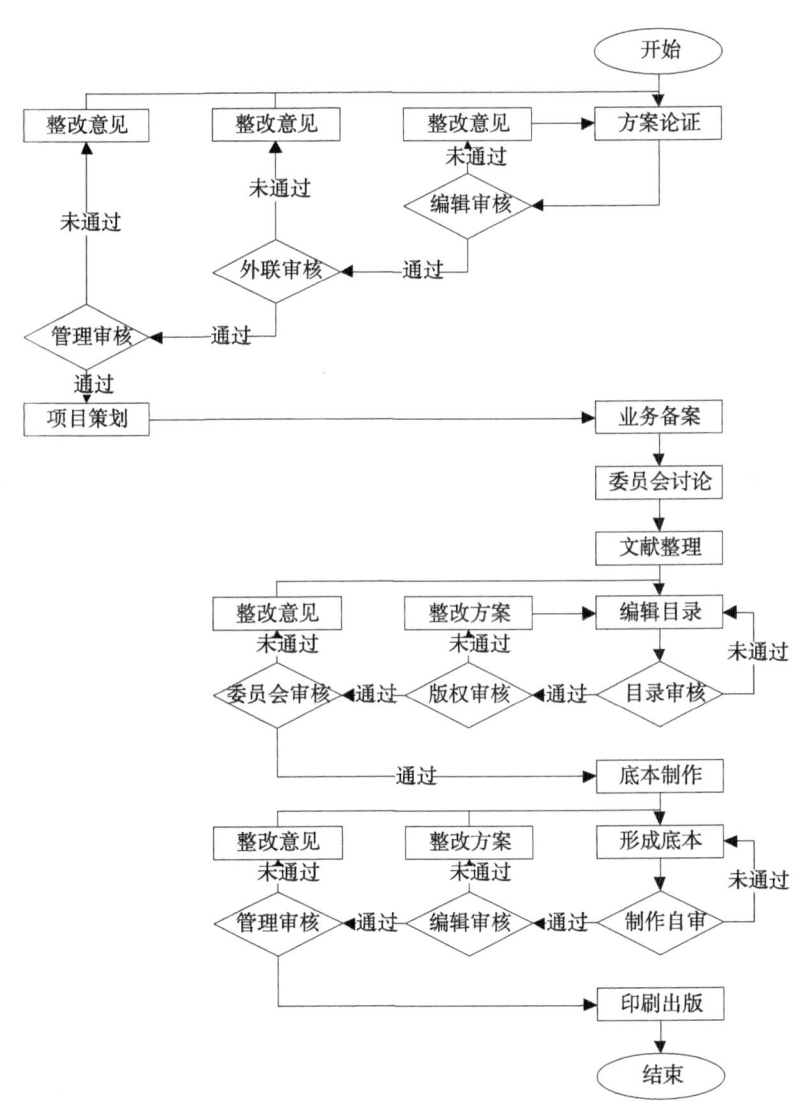

图 6-3 整改后的缩微文献开发流程图

二、建立部门间沟通机制

对于文献开发项目而言，其时间周期通常为一年或一年以上，而在该年度中，文献收藏情况会不断地增加，而以往的数据内容也会不断地更新维护。对于文献编辑而言，在其确定目录时与文献最终出版的时间范围内，往往具备改善充实的空间，而相关变化具体反映到数据上却具有一定的滞后性，为保证文献出版内容的全面性，需建立部门间沟通机制，保证文献开发项目的时效性，提升文献开发质量。建立部门间沟通机制，步骤如下：

第一，对文献编辑环节中所涉及的干系人进行识别，建立项目干系人识别表如下：

项目干系人识别一览表

序号	干系人
1	A图书馆管理层
2	项目管理部部长
3	项目经理
4	文献编目部部长
5	编目人员
6	文献编辑部部长
7	编辑人员
8	拍摄制作部部长
9	制作人员
10	外联发行部部长
11	发行人员

第二，由项目管理部门统筹，一方面将各业务部门的动态收集整理后，及时传达给文献编辑部门，另一方面由文献编辑部门将相关信息反馈于项目管理部门作为管理参考，具体内容如下：

首先，拍摄制作部门在制定新的拍摄内容时，将拍摄计划告知编辑部门，以便编辑部门及时做好相关调研、选题准备或内容补充，同时，在制定拍摄计划时，编辑部门对拍摄部门提出需求，比如有关项目需要补充哪些文献、需要系统拍摄哪类文献、哪种文献优先拍摄等，这些意见统一整理后论证可行性后，指导拍摄计划，以增强拍摄工作的针对性；其次，文献编目部门在数据制作时，需将数据完成情况告知编辑部门，如计划内的哪些文献已完成编目、哪类文献已成规模等信息，以便编辑部门尽快开始目录制作或修订，同时，编辑部门根据数据制作进度，在一定程度内参与编目的部分环节，增强数据的适用性；再者，外联发行部门在进行外联调查以及落实用户需求后，将市场反馈情况告知编辑部门，比如哪类选题比较受欢迎，其他出版单位的相关出版项目是否与我方计划相重复等，以便编辑部门有的放矢地对新方案进行准备或对已有方案进行完善，同时，编辑部门将已有选题或已计划选题进程信息与外联部门沟通，如预计出版时间、装帧设计文宣等，以使文献出版项目发行工作更为精确和及时（见图6–4）。

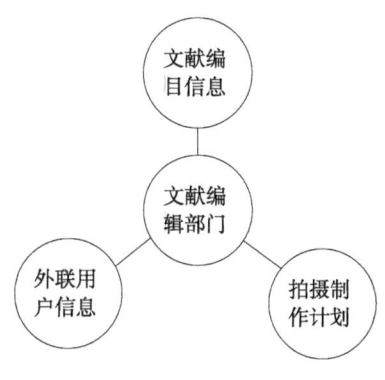

图 6–4 信息共享机制

第三，根据信息共享机制以及项目干系人，建立项目常规管理沟通规划表，如下：

项目常规管理沟通规划一览表

项目干系人	需要的信息	沟通频率	沟通方式	反馈时间
A图书馆管理层	高层成本、项目进度、质量问题和建议行动	每月	书面报告	7天内
项目管理部部长	项目成本、项目进度、质量问题以及各部门需要协作的信息和建议行动	每周	书面报告、会议和邮件	5天内
项目经理	项目进度、质量问题、建议行动	按需	邮件和会议	2天内
文献编目部部长	质量问题、编辑部门要求的行动	每周	书面报告、会议和邮件	5天内
编目人员	日常维护、定期维护、系统更新建议,项目方案的调整、调试编辑部门要求的行动	按需	邮件和会议	2天内
文献编辑部部长	日常监测、定期检测、项目进展与实施情况、拍摄制作计划清单、数据维护情况、选题清单、建议行动	每周	书面报告、邮件和会议	5天内

续表

项目干系人	需要的信息	沟通频率	沟通方式	反馈时间
编辑人员	日常监测、定期检测、项目进展与实施情况	按需	邮件和会议	2天内
拍摄制作部部长	质量问题，拍摄制作计划清单，编辑部门要求的行动	每周	书面报告，邮件和会议	5天内
制作人员	拍摄制作计划清单、调试编辑部门要求的行动	按需	邮件和会议	2天内
外联发行部部长	选题清单、文宣制作、项目进展与实施情况、建议行动	每周	书面报告，邮件和会议	5天内
发行人员	质量问题，编辑部门要求的行动	按需	邮件和会议	2天内

在识别出的十类项目干系人中，文献编目部部长、文献编目部部长、文献编辑部部长、拍摄制作部部长、外联发行部部长作为中层，向图书馆管理层以书面报告的形式汇报所在部门的有关高层成本、项目进度、质量问题和建议行动等信息，其中项目管理部部长作为枢纽，协助图书馆管理层的有关决策，并协调各部门间的信息交流与反馈，并向图书馆管理层汇报各部门需要协作的信息和建议行动。项目经理作为基层沟通的枢纽，保障编目人员、编辑人员、制作人员以及发行人员所需信息的顺利流通，并随时跟踪并确认项目进度及相关环节的质量控制情况。

第四节　缩微文献开发的人才队伍培训

人才是一个项目单位的核心资源，人才队伍的培训是决定项目开发质量的关键。鉴于上文所分析的人员问题，必须遵循质量管理学科的基本理论和方法，充分运用质量管理学科的成熟经验，建立有效的团队，使之追求共同的使命和目标。按照质量审查表的干系人，将人才的培养分成两组专业技术人才生成模式：第一组是是技术人才的培训方式，第二组是文献选取人才的培训方式。

这两类人才的培训方式，既有相同的地方，也各有特点，二者都是立足于从初级人才到专业技术人才的基本范式，都需要综合学习缩微文献开发的技术与选题方面的基本情况。技术人才的培训，特别要求对标准规范的掌握与执行力、理解力和反思力的提升，而选题人员的培训，则特别强调对文献的市场价值与读者价值的综合分析能力与取舍判断能力的生成。

上述的两类专业技术人才经过培训和实际工作后，仍然不能很好地形成配合。经过论证后，通过实行"轮岗＋综合管理人才"的模式，鼓励人才通过轮岗了解队友的工作内容，能更加全面地认识自己的工作，能自觉主动地将自己的工作更好地融入集体合力之中。经过轮岗之后，部分人才逐步具备了综合性发展的潜质，通过主动地因势利导，将其培养成一专多能的文献开发综合管理人才，畅通了人才成长渠道，可以极大地激发了人才自我完善和认真负责的主动性。

一、专门人才的培训

专门人才的培训，分为普遍性阶段和特殊性阶段两个部分，过去长期以来只存在第一个阶段，经过分析问题之后，本研究设计了包括具体培训和轮岗培训的新模式。

特殊性培训，分成技术专业技术人才、选题专业技术人才两个生成模式。另外，还有一个综合专业技术人才的特殊模式，为综合管理人才的生成准备基础。

首先，不同工种人员的培训，有一个岗位划分和阶段划分相统一的模式（见下列人才培训划分表）：

人才培训划分表

阶段	扫描与质检培训	选题培训
初步培训	学习和实践扫描	学习选题基础知识
初级人才培训	扫描初级人才和质检初级人才	选题初级人才和编辑初级人才
专业技术人才培训	扫描专业技术人才和质检专业技术人才	选题专业技术人才和编辑专业技术人才
专业技术人才小组培训	质检专业技术人才成为组长	选题专业技术人才成为组长
综合管理人才培训	选题专业技术人才和质检专业技术人才的融合	

按照上述模式，将所有岗位分成扫描和选题两大类，直接针对漏页、切字或内容不完整，展开预防性培训措施。

培训计划表 A

培训时间	施训者	参训者	参训目的
12月	扫描专业人才	扫描岗位新手	掌握扫描技术与设备特点
3—4月	质检专业人才	质检岗位新手	通过实践掌握质检流程
5—6月	选题专业人才	扫描和质检岗位新手	熟悉文献体例，杜绝不完整问题
7—8月	综合管理人才	扫描和质检岗位新手	漏页切字和内容不完整问题的专项防治
9—10月	质检岗位新手	扫描岗位新手	交互培训，演习质检与扫描的关系
11—12月	扫描岗位新手	质检岗位新手	小型轮岗，体验对方，提出更好的配合意见

上表所述的是针对扫描和质检人员的培训的具体实践安排，按照年度周期培训模式，扫描和质检小组成员可以合理地、有效地避免出现主观性的漏页、切字和内容不完整问题，能有效地降低用户的不满意度。

与这种专门培训同步的是两种岗位更高层次的深层培训。上文所设计的培训方式，直接针对漏页、切字和文献不完整这两个客户反馈最为集中的问题。下文所设计的深层次培训方式，则是基于长远考虑。本研究将培训分成预防性培训和人才性培训两个部分，二者为同时推进。

举例来说，扫描和质检岗位的参训者，在参加预防性培训，有效避免了工作中出现具体的同时，还要参加综合性培训，目的是为了今后成为专业技术人才，而不是某一工序固定不变的操作者。

本研究认为，只有这种"分项授课"的模式，才能有效避免参训者对自己的工作产生畏难情绪和抵触情绪，才能最大限度地调动业者的积极性和主动性。如果培训的内容全部属于预防性的具体操作，很容易使参训者产生消极倦怠、重复劳动的心态，会对今后工作的深化、岗位的调整、人才的生成会造成瓶颈。

依照这种模式，两种岗位，不同阶段的培训，应按照以下步骤推进：

学习阶段，以三个月为期。安排扫描和质检人员对标准规范进行学习；安排选题编辑人员对选题基本工具与方法进行学习，熟悉馆藏文献情况，熟悉市场和读者情况，认识社会效益和经济效益的综合化问题，施训方以考试方式对学习阶段进行考察评定。

实习阶段，以两个月为期。按照本人意愿和前期考察结果，将扫描和质检人员分配至扫描组和质检组，并分别跟随熟练员工、已有的专业技术人才，完成已经开始推进的底本制作工作，并在具体实践中夯实技术能力，培养对标准规范的驾驭能力；根据前期考察结果，将选题编辑人员，分配至选题组和编辑组，并在熟练员工、已有专业技术人才的指导下，参与正在推进的选题工作，夯实专业能力。

初级人才生成阶段，以两个月为期。检讨扫描和质检人员的前期实际工作成果，由施训方对质检人员和扫描人员进行最终评定，并且开始正式落实工作岗位；将选题组人员与编辑组人员进行优化，组成若干编辑工作小组，对施训方交代的选题意向进行落实，通过这种实践，参训员工对选题工作形成自己的认识。

调整阶段，以一个月为期。扫描和质检人员开始独立负责尚未完全开始的缩微文献开发工作，在工作中，独立处理遇到的问题，完成主体责任，成为完全的干系人，并认真对待质量审查表的审查；建立初级人才选题小组，与已有的专业技术人才选题小组同台工作，或者面对不同的选题，或者分担同一选题的不同部分，展开合作，开始进行实际工作，真正成为责任者；在技术和选题专业技术人才小组的培训过程中，会有若干质检和选题专业技术人才从中成长出来，相较于扫描专业技术人才和编辑专业技术人才，前者更为重要的质量管理干系人。施训方通过观察调整阶段的情况，对初级人才小组构成做出最终调整。

专业技术人才生成阶段，以两个月为期。在扫描和质检人员各自第一次参与的缩微文献开发工作结束后，由施训方给出最终评价，完成专业技术人才阶段的全部培训；初级人才选题小组接受施训方的最终考核，并与初级人才技术小组进行首次合作，完成最后一步的演练，在独立完成一次完整的文献开发后，两支初级人才小组共同成为专业技术人才小组；新专业技术人才产生后，会逐渐成为自己的专业技术人才小组的骨干人物，施训方要安排其与已有的专业技术人才不断交流、编成混合队伍，加速其进步。

专业技术人才进步阶段，以一个月为期。管理者需充分使用新专业技术人才，组织两个专业技术人才小组构成一个文献开发责任主体，使其在实践中不断磨合，锻炼选题专业技术人才和质检专业技术人才的配合，让其成为两个小组深度融合的桥梁、纽带、核心与主导。

综合管理人才阶段，以一个月为期。组织选题专业技术人才和质检专业技术人才座谈，鼓励他们结合实际工作情况，对标准规范、工作方法提出意见，在绩效奖励上给予适当倾斜，将其作为综合管理人才的重点培养对象。

这种以一年为周期的人才生成培训，能有效地避免参训者受限，为今后的轮岗打下坚实的基础。以选题方面的具体预防性培训和综合人才性培训的关系为例，可以看到这种设计的制度优势（见下列培训计划表 B）：

培训计划表 B

培训时间	施训方一	预防性培训内容	施训方二	综合性培训内容
1—3月	文献专家	历史文献学通识介绍	选题专业人才	选题学习
4—5月	文献专家	具体文献举例	选题和扫描质检人才	选题实习
6—7月	选题专业人才	具体文献编选实际操作	综合管理人才	初级人才生成
8月	选题专业人才	监督下实习	专业人才和管理人才	调整
9—10月	扫描质检专业人才	岗位交互介绍	综合管理人才	专业人才生成
11月	质检专业人才	底本质量问题的防治	综合管理人才	进步
12月	综合管理人才	选题的经济和社会效益评估	综合管理人才	完成

由于工作的需要以及人才流动的现象，轮岗或者岗位调整是

不可避免的。为了避免 2015 年出现的由于轮岗造成的对质量的冲击，需要进行二轮培训或轮岗培训。

二、综合人才的培训：轮岗与综合管理人才的产生办法

经过上述多道考核、实习和实操之后形成的技术专业技术人才、选题专业技术人才和综合专业技术人才，如何将已形成的人才组成一个文献开发队伍，形成合力，则是一个不可忽视的重要任务。

在文献开发的实践中，队伍的组织比之于个人的成长，有同样重要的作用，甚至在某种程度上，队伍的合力，能弥补参训者个人的某些不足，发挥出个人所无法发挥出的更好的效果。

所谓团队，指的是若干个拥有互补技能人员的组合。团队的培训，必须突出人人机会均等和卓越迅速生成两大要求。参训者都有成长为综合管理人才的机会，这就是机会均等的含义，具体实现主要依靠弥补不足的轮岗；综合管理人才必须是经过实践检验的卓越者，在经过轮岗之后，必须保证所有参训者的岗位效果得到最大发挥，保证综合管理人才是优中取优的。

轮岗突出公平，综合管理人才的最终形成则突出效益，二者兼顾，但是最终的目的是为了团队整体水平的最大化提升，而不是突出综合管理人才一个人的成长。

技术专业技术人才小组和选题专业技术人才小组的核心，分别是质检专业技术人才和选题专业技术人才，二者经过初步的工作实践之后，会具备独当一面的实力，也能较好地完成工作责任。然而，经过实践后发现，由于技术环节和选题环节在文献开发的过程中存在一定程度上的"独立单干"，有时两个专业技术人才和专业技术人才小组，会发生互不了解的现象，一旦发生某些危机局面，又会发生互相推诿责任的问题，造成合力实效的打折。

为了杜绝这一现象，可使用轮岗的方法，依靠对选题专业技

术人才和质检专业技术人才的第二轮培训，也就是轮岗培训，强制所有已经初步成长的专业技术人才，突破自己的岗位领域，到自己不熟悉的岗位上轮岗一段时间，体会其他岗位的艰辛，增加主动自觉地配合的能动性，有效地防止互相推诿甚至发生冲突的现象。

这种半年期"交互"轮岗的具体方法，需设立明确的轮岗阶段，并根据不同岗位的特点，有重点地建立轮岗内容，具体步骤如下：

学习阶段，以一个月为期。组织扫描与质检人员学习相关专业的基本理论和方法，经过学习，使其能了解到选题人员在浩如烟海的文献资源中筛选和组合的不易和艰难，并自觉地认识技术工作并非简单的重复劳动；组织选题和编辑人员学习相关标准规范，使其体会到扫描和质检工作的细腻和艰巨。

实习阶段，以两个月为期。安排扫描与质检人员参与到文献筛选、加工和市场公关中，使其面对客户、市场和读者，体验外联工作与关系培育的全过程；安排选题编辑专业技术人才到扫描与质检岗位各自实习半个月，使其独立完成部分文献的扫描和质检工作，并且接受质量审查表的审查，形成对标准规范的实践经验；在轮岗阶段，挑选出能够突破自身偏好局限的优秀选题编辑和扫描质检专业技术人才，让他们组成经常性的沟通小组，成为彼此所属专业技术人才小组的连通器和粘合剂，使其在经常性的会议中，自主改进工作方法，并由施训方对其会议效果和改进成果进行评估，对其中所有领导专业技术人才做出评价和分析。

总结阶段，以一个月为期。在经过实习工作后，让参与轮岗的扫描质检和选题编辑人员对轮岗内容进行总结，以便在日后的本岗工作中，能够精准地为上下游环节所出现的问题做出切实贡献；让经过轮岗历练和会议沟通机制保障的本专业技术人才小组的综合人才独当一面，将他们的关系和地位从配合层面，提升到主次逻辑。

综合管理人才危机处理预演阶段，以一个月为期。设计若干种极端情况，如重大技术漏洞、重大客户危机局面，通过演习来模拟考核经过互相领导培训后的专业技术人才的危机处理能力和应变反应能力。

综合管理人才生成阶段，以一个月为期。在经过危机演习，综合管理人才的人选实际产生后，施训方会强制要求其脱离自己过去的质检或选题岗位，主动完成对两大环节的全局领导和组织实习。

需要特别指出的是，轮岗的目的是为了在今后的工作之中形成更好的组织合力，而不是简单地互相体验工作环境。施训方在轮岗的整个过程中，会随时考察参训的专业技术人才的表现，对一些表现优异的专业技术人才，会逐步将其纳入综合管理人才的考察范畴；对一些经过轮岗，兴趣和专长发生转移的专业技术人才，施训方也会毫不犹豫地将其岗位进行调整和对调，不排除从技术专业技术人才转变为选题专业技术人才，以及相反情况出现的局面。

经过轮岗之后，选题专业技术人才和质检专业技术人才，在很大程度上具备对方的能力，具备了从专业性人才成长为综合性人才的可能。为了尽快将综合管理人才从专业技术人才中培养出来，可实现分步骤的综合管理人才培训方式。经过综合管理人才培训后产生的综合管理人才，将是合格的缩微文献开发的领导者和组织者，是质量管理干系人中最重要的成员。

第七章　缩微文献开发项目质量管理改革的成效

经过上文所总结的整改过程后,缩微文献开发项目的质量管理工作,取得了一定的进步,长期以来困扰文献开发工作的一些体制性和技术性障碍得到了化解。经过对质量管理要素和节点的分析,A图书馆制作了缩微文献开发质量管理流程控制图,对照此图的要求,各项质量管理目标已经比改革前有了较大的变化。

第一节　数据接收环节自查符合预期目标

为了对数据接收环节的质量调整情况进行落实,需要建立走势图来观察调整后数据接收环节的错误率情况。走势图用于观察随着时间进展的项目质量控制情况,数据通常在均值上下浮动,适用于追求稳定质量的重复性过程。本研究以质量管理改革后的首个文献开发项目为对象,以专项自查错误量的方式建立走势图,具体思路如下:

首先是确定观察的过程。首个文献开发项目数据接收总量为60000页,每日数据接收工作量为5000页,工作周期为12天,以每日工作量为单位,进行观察,其过程跟随整个工作周期进行。

其次是收集数据。为了能够更有效地反映质量管理改革后,数据接收环节情况的变化,建立数据接收环节自查记录表,并每日对收集数据进行填写,具体如下(见下列数据接收环节自查记录表）：

数据接收环节自查记录表

记录名称	数据接收环节自查记录					
项目名称	文献开发项目甲			数据接收负责人		
质检人				总页数	60000	
				单位页数	5000	
检查项目	错误量			时间		
测试时间	漏页	切字	其他	合计	单位错误率	平均错误率
第一天	14	5	2	21	4.2‰	4.2‰
第二天	14	5	1	20	4‰	4.1‰
第三天	11	3	1	15	3‰	3.7‰
第四天	8	2	2	12	2.4‰	3.4‰
第五天	7	2	1	10	2‰	3.1‰
第六天	6	2	0	8	1.6‰	2.9‰
第七天	7	2	1	10	2‰	2.7‰
第八天	6	2	1	9	1.8‰	2.6‰
第九天	11	4	0	15	3‰	2.7‰
第十天	5	2	0	7	1.4‰	2.5‰
第十一天	4	4	1	9	1.8‰	2.5‰
第十二天	4	4	0	8	1.6‰	2.4‰
总计	97	37	10	144	2.4‰	2.4‰

再者是绘制图表。走势图为折线图，所收集的数据在均值上下浮动。以 X 轴为时间，以 Y 轴为错误量数据，在图中标记处所收集的内容，并将以上数据连结成折线。折线绘制完成后，计算均值，绘制均值线。

最后，根据 A 图书馆已有的 3‰ 容错规格率标准，每个样本点的容错规格限应为 15，将规格限绘入后，完成走势图，如下

（见图 7-1）：

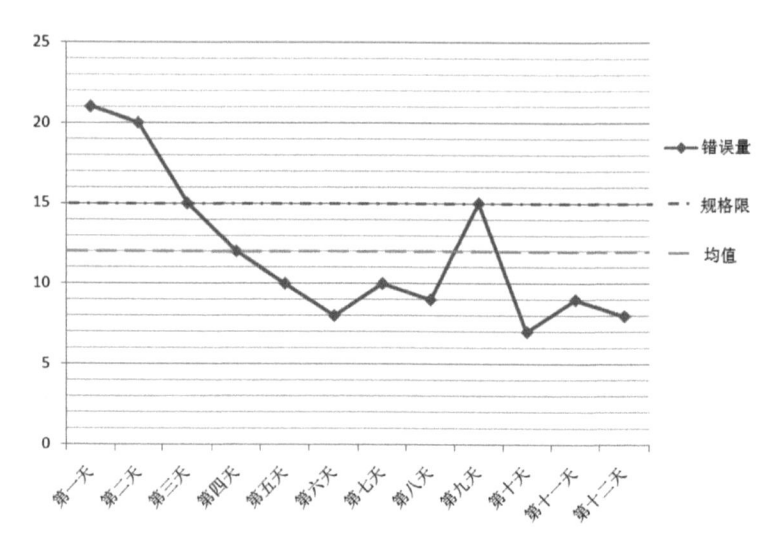

图 7-1　数据接收环节错误量走势图

通过对走势图的观察，可做以下四点解读：

第一，通过提升质检能力，均值降低在规格限以下，符合出版要求。相比于改进前，数据接收质量也得到了显著提高。长期在数据接收环节中存在的一系列问题，得到了扭转。

第二，第一天和第二天的错误量超出了规格限，说明虽然在制度组织上的问题已得到解决，但在技术和熟练程度上仍然存在问题需要逐渐磨合解决。

第三. 在第九天，错误量出现了反复，达到了规格限边缘，说明流程还不够稳定。制度组织上的变革，也需要管理者及员工对其涵义进行了解并掌握，所以需要做进一步的培训，才能使整个系统达到相对稳定的状态。

第四，整改后以首个文献开发项目作为研究对象，测试量较小，后期还需要进一步测试，找出问题的症结。

以往，缩微文献开发中存在的核心问题是数据接收环节的漏页、切字现象为代表的技术性问题，这些问题的存在造成了缩微文献开发的质量下降，客户满意度急剧降低，文献开发所担负的经济和社会效益由此大打折扣。

经过全方位的整改之后，相关的标准规范体系得到了健全和落实，相关的质量监督制度和岗位得到全方位更新和增加。数据接收环节在扫描、质检、接收、存储、备份、提交各个环节，得到了严格有序的质量检验。过去严重困扰项目组的漏页、切字现象，现在被有效地在初始阶段、中间阶段、末端阶段经过层层关卡的把控，几乎被降到了最低限度。科学调度与科学管理，使3‰的不合格标准得到强有力地落实，并且小于这个最低标准。

各个环节质检围绕降低错误出现的数量和频次，形成了上下联动、层层嵌套的体系格局。质量监督、排查和返工，做到了一环扣一环，而不是每个流程都从头重新开始的重复劳动。

第二节 缩微文献开发客户的满意度提升

由于专项自查本身仍然存在一定的局限性，仅凭该方法不足以完全反映质量控制改革的成效。对于文献开发成果的质量情况，最重要的检验指标仍然要反馈在对客户满意度的测评上。以改进质量控制后的首个文献开发成果为样本，向2017年上半年的52名用户发放与之前相同的调查问卷，共收回问卷43份，其中有效问卷36份。发放范围包括用户读者、高等院校、公共图书馆以及出版经销商，其中用户读者23份，高等院校9份，公共图书馆8份、出版经销商3份，其中收回并有效问卷数量为用户读者18份，高等院校9份，公共图书馆6份、出版经销商3份。在样本数量上，基本能够反映出客户的整体满意度。

通过对用户的问卷调查进行统计分析，建立核查表如下：

缩微文献开发项目质量问题核查表	
时间段	2017年1月至2017年6月
整体不满意度	9%
用户不满意种类	数量
种类数量汇总	4
资源收集程度	1
文献珍稀程度	0
制作质量程度	2
内容创新程度	0
选题实用程度	0
装帧特色程度	1

在之前的400件问卷调查中,存在资源收集问题的为91个,比例为22.75%,存在制作质量问题的103个,比例为25.75%。在改进后的36份调查问卷中,存在资源收集问题1个,比例为2.7%,存在制作质量问题2个,比例为5.5%,均远小于改进之前。在装帧特色程度上,仍有1个问题反馈,处于合理差异范围之内。在整体不满意度上,改进前为37%,改进后为9%,用户群体的不满意度下降了28%,大大超出预期。

具体地说,在数据接收环节中增加了扫描数据分配和数据影像提交两个质量控制点,用户对于制作质量问题的反馈比例大幅度减少,一方面印证了自查结果的内容,也反映了漏页、切字等问题的数量与用户不满意度之间的正相关关系;另一方面,在建立文献编选委员会制度以及部门间沟通机制后,用户对于资源收集问题的反馈比例也大幅度下降。从用户满意度反馈的观察,基本实现质量管理改革的目标。

综上所述,经过改进后,缩微文献开发项目成果的质量已达到预期要求。在后期项目开发中,不仅要对客户不满意的部分进行分析,而要对满意度高的部分进行总结,识别优点以继续保持,而对于仍然存在的质量问题和不满意之处，将进一步做研究分析，不断完善质量管理体制，并针对问题的解决制定专项整改和控制措施，在下一步的项目管理工作中实施，以不断提升项目质量，实现缩微文献开发的可持续发展。

第三节　文献缩微质量管理创新实例的结论

本篇以文献开发项目为质量管理研究的对象，通过问卷调查法梳理了 A 图书馆在缩微文献开发项目质量管理的现状，并对其中存在的问题进行了精准的定位，而后针对于相关问题进一步探析了其存在的原因。对于目前 A 图书馆缩微文献开发所存在的质量问题，本篇提出了提升质量管理的方法措施。

本篇共得出以下三项研究结论：

首先，通过问卷调查，发现目前 A 图书馆缩微文献开发项目的质量问题主要体现在底本制作质量存在纰漏、文献资源收集能力存在问题，具体体现在文献成果中存在漏页、切字，以及成果中所收录的文献存在内容不完整的质量情况。

其次，通过对 A 图书馆缩微文献开发业务进一步分析可知，导致出现缩微文献开发质量管理问题的主要原因是部分员工不熟练、对部分工序的管理控制不到位。

最后，通过对 A 图书馆缩微文献开发项目中存在的质量问题及原因的认真分析，本篇提出建立健全项目管理制度、全面建立专门人才和综合人才的培训机制、建立部门间沟通机制、提升对底本制作及文献编辑过程的质量检查能力，在组织管理上实现对文献开发流程的有效质量控制，并在开发过程中科学地运用质量管理的办法。

本篇虽然从整体上对缩微文献开发项目进行了梳理，运用多种方式对 A 图书馆在该业务质量管理中存在的问题进行了调研，并据此提出了提升缩微文献开发项目质量管理的策略和建议，但由于研究者个人水平有限以及现实条件限制，虽然对进行改革后的缩微文献开发项目质量进行了具体分析，然而样本数量有限，其结果仍有待于进一步检验，这是本篇所存在的有待观察之处。

今后，研究者将持续保持对缩微文献开发业务的关注，并收集采访相关项目的质量管理改进情况，通过运用访谈法、问卷调查法等工具对改进后的质量反馈情况进行深度分析。另外，在后续研究中也将尝试对缩微文献开发中存在的质量问题进行细化，从缩微文献开发项目成果所带来的经济效益和社会效益出发，引入有利于提升缩微文献开发项目质量的现代技术手段，对该业务的项目质量进行飞跃式的提升。所以，下一步的研究计划如下：

首先，影响图书馆文献开发质量的因素有很多，如人力资源、设备情况、编目数据、操作方法、成本预算等，当文献介质不同时，对其进行质量管理的侧重和方式方法也各有特点，仅对缩微文献进行研究，缺少不同介质文献的对照比较，所以存在一定的局限性。今后，将尝试将纸本、数字、多媒体等各类介质文献的开发与缩微文献作对比，能够更为全面地识别缩微文献开发项目质量管理的特点。

第二，随着科学技术的日新月异，缩微文献开发流程中所涉及的设备、胶片材料、工作方法、系统软件也会不断升级，而这些因素自身的开拓创新，必然会推动现有质量管理办法的与时俱进，以及现有相关规章细则的不断更新，而这种发展速度实际上是很快的，因而本研究所依据的内容和信息，仍有进一步拓展的空间。

后　记

2003年，我有幸进入国家图书馆缩微文献部工作。十余年来，作为一名文献缩微事业的建设者，曾组织和参与文献缩微的数转模、数字化服务、文献开发、编目典藏等多个方面的工作，进而对文献缩微质量管理有了较为全面的梳理和体会，本书也是我多年来对于文献缩微工作心得的总结和提炼。

当然，对于文献缩微事业发展而言，本书仅仅是抛砖引玉，涉及文献缩微事业发展的一些重大问题，还需假以时日，有待缩微同仁及同好们八仙过海，各显神通。倘使本书在文献缩微事业的发展中，能起到一点集腋成裘、集萤映雪之效，便感到十分荣幸了。

在本书写作的过程中，得到了王青云、张超亚、何隽、马玉峰、马杰、常慧慧等同仁的帮助与支持。在本书付梓之际，特别向所有为本书付出辛劳的单位和个人表示最诚挚的感谢！

本书涉及面广，部分内容的研究还有待于进一步拓展深入，由于水平有限，书中难免存有舛误之处，留待各位方家批评指正，以便在今后的研究和工作中不断完善和进步。

王　浩

二〇二〇年九月